PALABRA de DIOS

lecturas dominicales y reflexiones espirituales

2 0 0 2

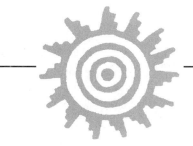

Alberto Martín Jiménez

LTP

LITURGY
TRAINING
PUBLICATIONS

RECONOCIMIENTOS

Agradecemos profundamente al padre Alberto Martín por compartir sus reflexiones con nosotros. Lo hace desde su experiencia pastoral en las comunidades campesinas y los medios de comunicación social en la diócesis de San Juan de los Lagos, Jalisco, México.

Las lecturas bíblicas corresponden al Leccionario Mexicano, publicado por Obra Nacional de la Buena Prensa, A.C. © 1992. Buena Prensa es la editora oficial de los textos litúrgicos del Episcopado Mexicano.

Editor: Miguel Arias
Editor de producción: Kris Fankhouser
Asistente editorial: John Lanier
Diseño original: Jill Smith
Diseño actual: Larry Cope
Composición tipográfica: Kari Nicholls
La fotografía de portada y de las páginas 24, 36, 46 y 72 son de Antonio Pérez; las fotografías de las páginas 12, 66 y 90 son de David Kamba. Impreso en los EE.UU. por Von Hoffman Graphics, Inc. Eldridge, Iowa.

ISBN 1-56854-381-6
SAHW02

CALENDARIO E ÍNDICE

**VERANO Y OTOÑO
DEL TIEMPO ORDINARIO**

CÓMO USAR PALABRA DE DIOS

La Sagrada Escritura nos "comunica de modo inmutable la Palabra del mismo Dios". "La Iglesia la ha venerado siempre al igual que al Cuerpo mismo del Señor, ya que, sobre todo en la liturgia, no cesa de tomar de la mesa y de distribuir a los fieles el pan de vida, tanto de la palabra de Dios como del cuerpo de Cristo" (*Constitución Dogmática sobre la Divina Revelación, Dei Verbum,* 21).

Este libro es una invitación sencilla y práctica a que te familiarices con la Palabra de Dios. Con su ritmo y conexión entre la primera lectura y el Evangelio; con el ritmo propio que sigue la segunda lectura. Año con año, preparamos este libro con la finalidad de ayudarte en tu preparación a la Misa Dominical, y para esto sugerimos una lectura "orada" antes de la proclamación que escucharás en tu asamblea dominical. Este libro se ha diseñado de tal forma que la Palabra de Dios se quede contigo. De esta forma, te ofrece la oportunidad de seguir reflexionando en las lecturas dominicales a lo largo de la semana.

También presentamos los textos bíblicos que corresponden a la primera lectura del Leccionario Ferial, que también puede ayudarte a fomentar tu vida de oración y reflexión en torno a la Palabra de Dios.

Además de la familiaridad bíblica que este libro te ofrece, encontrarás cada semana del Año Litúrgico, desde el Primer Domingo de Adviento: 2 de diciembre del 2001 hasta la Solemnidad de Jesucristo, Rey del Universo: el 24 de noviembre del 2002. Hemos incluido también las lecturas de las fiestas litúrgicas más importantes de la Iglesia, así como otras festividades marianas propias de los pueblos de América Latina.

El uso de *Palabra de Dios* es sumamente sencillo: puedes buscar las lecturas de acuerdo al domingo correspondiente o de acuerdo a la fecha. También puedes ir directamente al índice que aparece en las primeras páginas.

LECTURAS

Las lecturas son el corazón de *Palabra de Dios.* Al leerlas en tu hogar, te preparas y dispones a escucharlas de manera profunda en la celebración. Por ello recomendamos una lectura pausada antes de ir al templo, y luego seguir orando durante la semana con las lecturas que hemos escuchado.

REFLEXIÓN

El padre Alberto Martín Jiménez es quien ha compartido sus reflexiones en esta edición de Palabra de Dios. Lo ha hecho desde su experiencia en comunidades campesinas y en parroquias recién formadas, que nos llevan a un diálogo con los elementos de la vida diaria y de ahí a una aplicación práctica en nuestra vida de fe.

Es conveniente leer las reflexiones para obtener una formación básica que nos ayude a entender el sentido de las lecturas y la aplicación que pudieran tener en nuestros días. Si deseas, puedes ir llevando un diario o cuaderno de notas en el cual puedas escribir tus reflexiones personales. Recordando que Jesús está presente en medio de la comunidad que se reúne a orar en su nombre, te animamos a que utilices este recurso, sencillo en su presentación y profundo en sus contenidos, como una herramienta de ayuda en el crecimiento en la fe.

Este libro corresponde a las fechas del calendario litúrgico del Año A, donde cada domingo escucharemos el Evangelio según la comunidad de san Mateo.

En algunas ocasiones, por falta de espacio, nos vimos en la necesidad de cortar las lecturas, indicando dónde puedes encontrarlas en su totalidad; en otras ocasiones, optamos por citar la versión corta del texto, en vez de la versión larga (que también encontrarás en el Leccionario).

EVANGELIO DE SAN MATEO

Desde los comienzos de la Iglesia es más citado y es considerado el Evangelio eclesiástico por excelencia.

Algunos expertos en el tema afirman que existió un evangelio en arameo escrito por el apóstol Mateo, quien habría ordenado una serie de escritos anteriores llamados los *logia,* y a él corresponde la traducción griega.

Puede constatarse que fue escrito para los judíos convertidos al cristianismo, por varios motivos: es el Evangelio que más referencia hace a las profecías; usa expresiones y palabras arameas que no las traduce; algunas otras son expresiones hebreas que, aunque traducidas, mantienen el significado hebreo. Además, no explica costumbres judías, las cuales se supone que son conocidas por la comunidad a quien dirige su mensaje (15:1ss; 23:5ss). Además, en su estilo usa procedimientos judíos, como la inclusión, que consiste en comenzar y terminar con la misma palabra (6:19–21; 7:16–20; 16:6–12; 15:2–20). También usa el paralelismo: expone una idea y luego la hace resaltar repitiéndola o contraponiéndola (7:24–27).

Si se analiza la estructura temática de Mateo, encontramos que tiende a agrupar las sentencias y relatos conforme al asunto que tratan. Los discursos mayores llevan siempre como estribillo una misma fórmula, escogida intencionalmente para poner de relieve los cinco pilares en que se apoya la doctrina del maestro: el Sermón de la Montaña, las consignas de la misión, el discurso en parábolas, las lecciones sobre la vida en comunidad y el discurso escatológico. Doctrinalmente hablando, la calidad de las composiciones hace de Mateo el Evangelio más importante, y por lo mismo, el más preferido durante los primeros siglos del cristianismo.

PLAN DE COMPOSICIÓN

El drama se desarrolla de forma admirable. El Salvador prometido en el Primer Testamento nace como hijo de David en el pueblo de Israel, pero mientras unos magos de oriente vienen desde lejanas tierras a adorar al recién nacido, en Judá hay un desconocimiento total. Herodes mismo es sorprendido y burlado a la vez, pero se desquita asesinando inocentes. En los magos, se universaliza la salvación abriéndose a los pueblos no judíos. No obstante la infinidad de sus milagros, una vez que Jesús inicia su vida termina siendo rechazado por la mayoría y amenazado de muerte, hasta el grito final de las multitudes: "Crucifícalo".

Ante el rechazo definitivo de los judíos, Jesús funda su Iglesia y le delega la misión de llevar su mensaje de salvación hasta los últimos rincones de la tierra. Jesús ya les había dado infinidad de ejemplos según los cuales vendrían gentes de oriente y occidente, con lo que se admitirían los gentiles en el Reino de los Cielos. Pero ante la negativa de Israel, la Iglesia se convierte ahora en el verdadero Pueblo de Dios.

ASPECTO DOCTRINAL DE MATEO

Una expresión que se repite insistentemente en el Evangelio de Mateo es la de "Reino de los Cielos", que se hace presente en el mundo con la venida de Cristo. Aunque es ya una realidad presente, está llamada a llegar a su plenitud en el futuro. Su significado es demasiado complejo y completo a la vez. Es algo que no estará sujeto ni a un espacio ni a un tiempo determinado, ni siquiera abarcará sólo el aspecto espiritual del género humano, sino que debe llegar de forma integral a la humanidad entera. Es una semilla de mostaza que cuando se siembra es la más pequeña de todas, pero al crecer se convertirá en un arbusto donde los pájaros podrán hacer sus nidos.

Cristo inaugura este Reino, pero dejará la encomienda de su consumación a la Iglesia. En primer lugar, la característica de este Reino es su novedad, pues sorprende al mismo pueblo de Israel, que esperaba un Reino terreno donde Israel sería potencia militar; la llegada de un Reino que los libraría de todo lo que

impide la vivencia de sus valores, de la justicia, la paz, la igualdad, la convivencia entre los pueblos de la tierra. En segundo lugar, se anuncia su bondad pues en este Reino se terminará la injusticia, la mentira y la opresión, y reinará la justicia, la paz, la verdad y el amor. Este Reino es universal: debe llegar a todo lugar, a todo tiempo, a toda persona y a la humanidad misma. Pero además, este Reino no es algo que el hombre pueda conseguir por su propia fuerza, es regalo, don y gracia; es algo que Dios ofrece gratuitamente.

A pesar de ser un don gratuito de parte de la divinidad, corresponde a la humanidad aceptar este don de Dios y responder a él con responsabilidad. Quien toma conciencia de esta realidad debe dejarlo todo para hacerse poseedor del Reino. Es como un tesoro escondido en el campo, que el que lo encuentra va y vende cuanto tiene para comprar ese campo, o es como el coleccionista de perlas finas, que al encontrar una de gran valor, va y vende todas las que tiene por conseguir la buena.

MI REINO NO ES DE ESTE MUNDO

Cristo viene a este mundo para instaurar un Reino. El mundo de entonces estaba lleno de reyes, y cada rey significaba la gloria y magnificencia de su Reino, la riqueza o pobreza de su gente. Pero los reyes imponían sus imperios basándose en sangre, fuego y muerte. La grandeza de sus ejércitos y la calidad de sus armas eran la garantía de la permanencia de un Reino.

Desde su mismo nacimiento, Cristo fue una decepción para su pueblo. No nace en un palacio y su pertenencia al linaje real es completamente desconocida. El anuncio del recién nacido Rey de los Judíos causa sobresalto y gran preocupación a Herodes, gobernante en turno. Los gentiles y paganos son quienes descubren la realidad de su presencia en el mundo porque una estrella se los anuncia.

El Reino que anuncia Jesús es un Reino en el que se habla de una nueva justicia muy superior a la de los escribas y fariseos.

Quienes se sentían seguros de pertenecer al Reino por ser hijos de Abraham son rechazados, mientras que se abre de par en par la puerta a quienes aparentemente la tenían cerrada: los pobres, los marginados, los perseguidos, los gentiles, las prostitutas y publicanos.

Este nuevo Reino no se funda en leyes, armas, ejércitos y fuerza. El tipo de justicia que se exige en este nuevo Reino es una exigencia de amor entre los pueblos. Este Reino es universal. La pertenencia a él nos obliga a ser solidarios con las necesidades de los demás mediante la caridad. Nos obliga a estar siempre con nuestras manos tendidas a la divinidad, reconociendo nuestra incapacidad de salir adelante en nuestros problemas con nuestras propias fuerzas, y finalmente al ayuno como medio de control y dominio de nosotros mismos para no dejarnos vencer por los enemigos del Reino.

EL JESÚS DE MATEO

Mateo nos presenta a Jesús como el Hijo predilecto del Padre, proclamado en varias ocasiones por sus discípulos de esta manera; es el Dios en medio de sus hijos e hijas; es el Señor glorificado que siempre ha celebrado su comunidad; es el nuevo Moisés que nos trae nuevas tablas de la Ley, donde se prefiere la misericordia a los sacrificios y donde se nos invita a ser perfectos como el Padre Celestial. Él hace llover sobre justos y pecadores, y hace salir su sol sobre buenos y malos, y por eso su nuevo mandamiento nos invita a amar incluso a los mismos enemigos.

El Jesús que Mateo nos presenta es el prometido por Dios. Desgraciadamente, cuando Jesús llega al mundo es rechazado por su gente, por su pueblo, por los escribas y fariseos, mientras que los magos lo admiran, y un centurión romano lo reconoce y pone toda su fe en él; por eso, el Reino ofrecido a los de su pueblo les será arrebatado y se dará a otros que sí den fruto. De esta manera, el Salvador de Israel se convierte en Salvador de todos los que lo reconozcan y acepten, mientras que para todos los que lo rechacen será signo de condenación.

Lo más anunciado por Jesús durante su vida pública fue el Reino de los Cielos y el medio de que se sirvió fue la parábola, que no es sino apoyarse en algo conocido. Ése es el mensaje central de Mateo: hablar de otra realidad desconocida. Jesús se sirvió de estas comparaciones para dar una enseñanza. Este recurso no siempre es tan evidente como se desearía. Incluso en varias ocasiones tuvo que dar explicaciones más amplias a sus discípulos. Así aclaró que a ellos sí les permitía conocer lo que les había dicho, porque otros oirán pero no entenderán, verán pero no conocerán. En las parábolas podemos descubrir a un Jesús humano y sencillo, pues todas sus comparaciones son de la vida diaria y están basadas en el sentido común, lo cual hace de él un maestro genial que es capaz de poner en vasijas de barro los misterios insondables de la divinidad.

ORACIÓN DE LA NOCHE

La noche es tiempo de vigilia y de descanso, es símbolo de nuestro paso al eterno descanso, nuestra esperanza de entrar al cielo. La Oración de la Noche puede hacerse de rodillas en Cuaresma y de pie durante la Pascua.

Salmo 131

Mi corazón, Señor, no es engreído
ni mis ojos soberbios.
No he pretendido cosas grandiosas
ni tenido aspiraciones desmedidas.
Al contrario, tranquila y en silencio
he mantenido mi alma
como un niño en los brazos de su madre.
Como un niño que acaba de mamar,
así está mi alma en mí.
Espera, Israel, en el Señor
desde ahora y por siempre.

El Cántico de Simeón

Señor, ahora, ya puedes dejar
que tu servidor muera en paz,
como le has dicho.
Porque mis ojos
han visto a tu Salvador
que Tú preparaste
para presentarlo a todas las naciones.
Luz para iluminar a todos los pueblos
y gloria de tu pueblo, Israel.

Oración de la Noche a la Santísima Virgen María

Tradicionalmente, la última oración del día la dirigimos a la Santísima Virgen María:
Durante el Tiempo Ordinario:

Dios te salve, Reina y Madre de misericordia,
vida, dulzura y esperanza nuestra,
Dios te salve.

A ti llamamos los desterrados hijos de Eva,
a ti suspiramos, gimiendo y llorando,
en este valle de lágrimas.

Ea, pues, Señora, abogada nuestra,
vuelve a nosotros tus ojos misericordiosos,
y después de este destierro muéstranos a Jesús,
fruto bendito de tu vientre.

¡Oh clemente, oh piadosa,
oh dulce Virgen María!

Durante el Tiempo Pascual:

Reina del cielo, alégrate, aleluya,
porque a Cristo,
a quien llevaste en tu seno, aleluya,
ha resucitado, según su palabra, aleluya.
Ruega al Señor por nosotros, aleluya.
Goza y alégrate, Virgen María, aleluya.
Porque verdarderamente, ha resucitado el Señor, aleluya.

ORACIÓN DE LA MAÑANA

Al levantarnos por la mañana, los cristianos debemos alabar y dar gracias a Dios. El nuevo día es un renacer a una vida nueva; es el principio del resto de nuestra vida. Es un resurgir para "contemplar con gozo el clarear del nuevo día" (Liturgia de las Horas).

Por eso, nos damos tiempo para orar o para recitar un salmo mientras nos aseamos y nos preparamos para el trabajo del día. Despertar es un símbolo de nuestra pascua de resurrección.

Señor abre mis labios,
y mi boca proclamará tu alabanza.

LA SEÑAL DE LA CRUZ

Por la señal de la Santa Cruz,
de nuestros enemigos líbranos,
Señor, Dios nuestro.
En el nombre del Padre, del Hijo
y del Espíritu Santo. Amén.

Salmo 63

Señor, Tú eres mi Dios, a Ti te busco,
mi alma tiene sed de Ti,
en pos de Ti mi carne desfallece
cual tierra seca, sedienta, sin agua.

Yo quiero contemplarte en el santuario
para admirar tu gloria y tu poder.
Pues es mejor tu amor que la existencia,
tu alabanza mis labios contarán;
podré así bendecirte mientras viva
y levantar mis manos en tu Nombre.

Como de carne sabrosa me hartaré,
te elogiaré con labios jubilosos.

Cuando estoy acostado pienso en Ti,
y durante la noche en Ti medito,
pues Tú fuiste un refugio para mí
y me alegré a la sombra de tus alas;
mi alma se estrecha a Ti con fuerte abrazo
encontrando su apoyo en tu derecha.

Mas aquellos que tratan de perderme
irán a los abismos de la tierra,
serán muertos al filo de la espada,
servirán de festín a los chacales.

El Rey se sentirá feliz en Dios;
> cuantos juran por Él se gloriarán,
> mas la boca del hombre mentiroso,
> en silencio, cerrada quedará.

Cántico de Zacarías (*el Benedictus*)

Bendito sea el Señor, Dios de Israel,
> porque ha visitado y redimido a su pueblo,
> suscitándonos una fuerza de salvación
> en la casa de David, su siervo,
> según lo había predicho desde antiguo
> por boca de sus santos profetas.

Es la salvación que nos libra de nuestros enemigos
> y de la mano de todos los que nos odian;
> ha realizado así la misericordia que tuvo con nuestros padres,
> recordando su santa alianza
> y el juramento que juró a nuestro padre Abraham.

Para concedernos que, libres de temor,
> arrancados de la mano de los enemigos,
> le sirvamos con santidad y justicia,
> en su presencia, todos nuestros días.

Y a ti, niño, te llamarán profeta del Altísimo,
> porque irás delante del Señor
> a preparar sus caminos,
> anunciando a su pueblo la salvación,
> el perdón de sus pecados.

Por la entrañable misericordia de nuestro Dios,
> nos visitará el sol que nace de lo alto,
> para iluminar a los que viven en tiniebla
> y en sombra de muerte,
> para guiar nuestros pasos
> por el camino de la paz.

■

Padre Nuestro, que estás en el cielo,
> santificado sea tu nombre,
> venga tu reino;
> hágase tu voluntad
> en la tierra como en el cielo.
> Danos hoy nuestro pan de cada día,
> perdona nuestras ofensas,
> como también nosotros perdonamos a los que nos ofenden;
> no nos dejes caer en la tentación,
> y líbranos del mal. Amén.

ORACIÓN DE LA TARDE

Comienza la oración con el siguiente versículo:

Dios mío, ven en mi auxilio.
Apresúrate Señor a socorrerme.

Se enciende una o varias velas como sea conveniente.

Puede cantarse o recitarse el siguiente himno:

Luz alegrante

Luz alegrante,
claridad pura del sempiterno Padre celestial,
Jesucristo, santo y bendito:

Ahora que hemos llegado al ocaso del sol,
y nuestros ojos miran la luz vespertina,
te alabamos con himnos, oh Dios:
     Padre, Hijo y Espíritu Santo.

Digno eres de ser alabado por siempre y para siempre
     con voces gozosas,
oh Hijo de Dios, Dador de la vida;
por tanto te glorifica el universo entero.

Salmo 141:1–5, 8

Señor, a ti clamo, ven pronto a mi socorro, oye mi voz cuando a ti grito.
     Suba a ti mi oración como el incienso; mis manos levantadas sean como el sacrificio de la tarde.
     Señor, pon una guardia ante mi boca y vigila la puerta de mis labios.
     No dejes que me salgan palabras malas. No me dejes cometer el mal, con los que viven en la maldad.
     No me dejes comer de sus dulzuras. Permite, sí, que el justo me golpee y me corrijan tus amigos, antes que luzca los regalos del injusto.
     Sin cesar opongo mi bondad a su maldad.
     Señor, hacia ti se vuelven mis ojos, en ti me refugio, no me dejes indefenso.

El Cántico de la Santísima Virgen María *(el Magnificat)*

Proclama mi alma la grandeza del Señor,
    se alegra mi espíritu en Dios mi salvador;
    porque ha mirado la humillación de su esclava.

Desde ahora me felicitarán todas las generaciones,
    porque el Poderoso ha hecho obras grandes por mí:
    su nombre es santo
    y su misericordia llega a sus fieles
    de generación en generación.

Él hace proezas con su brazo:
    dispersa a los soberbios de corazón,
    derriba del trono a los poderosos
    y enaltece a los humildes,
    a los hambrientos los colma de bienes
    y a los ricos los despide vacíos.

Auxilia a Israel, su siervo,
    acordándose de su misericordia
    —como lo había prometido a nuestros padres—
    en favor de Abraham y su descendencia por siempre.

Intercesión y Padre Nuestro

Aquí se añade una oración o una forma de intercesión por la misión de la Iglesia, el mundo, nuestra parroquia, nuestros prójimos, nuestra familia y amigos y por nosotros mismos.

ORACIÓN DEL VIERNES

Viernes es nuestro día semanal de ayuno, oración y caridad.

Por tu Cruz y tu Resurrección,
nos has librado Señor.
Salvador del mundo, ¡sálvanos!

Salmo 51:1–6, 12–13

Piedad de mí, Señor, en tu bondad,
por tu gran corazón, borra mi falta.
Que mi alma quede limpia de malicia,
purifícame tú de mi pecado.

Pues mi pecado yo bien lo conozco,
mi falta no se aparta de mi mente;
contra ti, contra ti solo pequé,
lo que es malo a tus ojos, yo lo hice.
Por eso, en tu sentencia tú eres justo,
no hay reproche en el juicio de tus labios.

Crea en mí, oh Dios, un corazón puro,
un espíritu firme pon en mí.
No me rechaces lejos de tu rostro
ni apartes de mí tu santo espíritu.

Oración del día

Dios todopoderoso,
cuyo amado Hijo no ascendió al gozo de tu presencia
sin antes padecer,
ni entró en gloria sin antes ser crucificado,
concédenos por tu misericordia, que nosotros,
caminando por la vía de su cruz,
encontremos que esta es la vía de la vida
y de la paz.
Por Jesucristo nuestro Señor. Amén.

ORACIÓN DEL DOMINGO

En este día, regocijémonos y alegrémonos.

Aclamen al Señor, habitantes de la tierra,
canten un himno a su nombre,
dénle gracias y alábenlo.

Salmo 100

Aclama al Señor
tierra entera,
sirvan al Señor con alegría,
lleguen a Él con cantares de gozo.
Sepan que el Señor es Dios.
Él nos creó,
a Él pertenecemos,
somos su pueblo y ovejas de su aprisco.
Entren por sus puertas dando gracias,
avancen por sus atrios entre himnos,
alábenlo y bendigan su Nombre.
Sí, el Señor es bondadoso.
Sí, eterno es su amor, su lealtad por los siglos permanece.

Oración

Oh, Dios, nuestro Rey,
que por la resurrección de tu Hijo Jesucristo
el primer día de la semana,
venciste al pecado,
ahuyentaste la muerte
y nos diste la esperanza de la vida eterna:
Redime todos nuestros días por esta victoria;
perdona nuestros pecados,
destierra nuestros temores,
danos valor para alabarte y hacer tu voluntad;
y fortalécenos para aguardar la consumación
de tu reino en el último gran día.
Por el mismo Jesucristo nuestro Señor. Amén.

ADVIENTO

S a l m o   2 4

Del Señor es la tierra y lo que contiene,
el universo y los que en él habitan;

pues Él lo edificó sobre los mares,
Él fue quien lo asentó sobre los ríos.

¿Quién subirá hasta el monte del Señor,
quién entrará en su recinto santo?

El que tiene manos inocentes
*   y puro el corazón,*
el que no pone su alma en cosas vanas
*   ni jura con engaños.*

La bendición divina él logrará
y justicia de Dios, su salvador.
Aquí vienen los que lo buscan,
para ver tu rostro; ¡Dios de Jacob!

Oh puertas, levanten sus dinteles,
que se agranden las puertas eternas
para que pase el rey de la gloria.

Digan: ¿Quién es el rey de la gloria?
El Señor, el fuerte, el poderoso,
el Señor, valiente en el combate.

Oh puertas, levanten sus dinteles,
que se eleven las puertas eternas
para que pase el rey de la gloria.

¿Quién podrá ser el rey de la gloria?
El Señor, Dios de los Ejércitos,
Él es único rey de la gloria.

2 DE DICIEMBRE DEL 2001

PRIMERA LECTURA

Isaías 2:1-5

Visión de Isaías, hijo de Amós, acerca de Judá y Jerusalén:

En días futuros, el monte de la casa del Señor será elevado en la cima de los montes, encumbrado sobre las montañas y hacia él confluirán todas las naciones.

Acudirán pueblos numerosos, que dirán: "Vengan, subamos al monte del Señor, a la casa del Dios de Jacob, para que él nos instruya en sus caminos y podamos marchar por sus sendas. Porque de Sión saldrá la ley, de Jerusalén, la palabra del Señor".

Él será el árbitro de las naciones y el juez de pueblos numerosos. De las espadas forjarán arados y de las lanzas, podaderas; ya no alzará la espada pueblo contra pueblo, ya no se adiestrarán para la guerra.

¡Casa de Jacob, en marcha! Caminemos a la luz del Señor.

SEGUNDA LECTURA

Romanos 13:11-14

Hermanos: Tomen en cuenta el momento en que vivimos. Ya es hora de que se despierten del sueño, porque ahora nuestra salvación está más cerca que cuando empezamos a creer. La noche está avanzada y se acerca el día. Desechemos, pues, las obras de las tinieblas y revistámonos con las armas de la luz.

Comportémonos honestamente, como se hace en pleno día. Nada de comilonas ni borracheras, nada de lujurias ni desenfrenos, nada de pleitos ni envidias. Revístanse más bien, de nuestro Señor Jesucristo y que el cuidado de su cuerpo no dé ocasión a los malos deseos.

EVANGELIO

Mateo 24:37-44

En aquel tiempo, Jesús dijo a sus discípulos: "Así como sucedió en tiempos de Noé, así también sucederá cuando venga el Hijo del hombre. Antes del diluvio, la gente comía, bebía y se casaba, hasta el día en que Noé entró en el arca. Y cuando menos lo esperaban, sobrevino el diluvio y se llevó a todos. Lo mismo sucederá cuando venga el Hijo del hombre. Entonces, de dos hombres que estén en el campo, uno será llevado y el otro será dejado; de dos mujeres que estén juntas moliendo trigo, una será tomada y la otra dejada.

Velen, pues, y estén preparados, porque no saben qué día va a venir su Señor. Tengan por cierto que si un padre de familia supiera a qué hora va a venir el ladrón, estaría vigilando y no dejaría que se le metiera por un boquete en su casa. También ustedes estén preparados, porque a la hora que menos lo piensen, vendrá el Hijo del hombre".

> **MARTES 8 DE DICIEMBRE DEL 2001**
> **La Inmaculada Concepción**
> **de Santa María Virgen**
>
> **Génesis 3:9-15, 20**
> Haré que haya enemistad entre ti y la mujer, entre tu descendencia y la suya.
>
> **Efesios 1:3-6, 11-12**
> En Cristo, Dios nos eligió desde antes de la creación del mundo.
>
> **San Lucas 1:26-38**
> Alégrate María, la amada y favorecida, el Señor está contigo.

 **EL ADVIENTO** es un tiempo de espera. ¡Cuántas veces tenemos que esperar en la vida! Podemos hablar del tiempo que una madre espera la gestación del hijo en su seno; del campesino que pacientemente espera las lluvias tempranas y las tardías, hasta el día en que finalmente puede recoger su cosecha; del tiempo que un estudiante universitario tiene que esperar hasta el momento en que obtiene su título; del tiempo que una familia espera a que un familiar suyo pase la frontera y encuentre un trabajo en los Estados Unidos.

Así podríamos seguir hablando de los tiempos de espera significativos, en la vida de una persona o una nación. Desde la fe, nos referimos a un tiempo de espera significativo para toda la cristiandad: el cumplimiento de la promesa de un redentor. Mateo anuncia esta venida como algo inesperado, sorpresivo, para lo cual debemos estar en vela, porque no sabemos ni el día ni la hora de su venida. El punto de comparación no admite dudas; así como en tiempos de Noé la gente fue sorprendida por el diluvio que lo arrasó todo, así nos puede suceder a nosotros. ¿Quién de nosotros, si supiera que van a robar su casa hoy, no estaría velando para defenderse o tendría avisada a la policía?

Muchas personas viven angustiadas por temor al fin del mundo. Sería mejor preocuparnos por vivir constantemente preparados para la hora en que el Señor nos llame, y así no tendríamos de qué preocuparnos.

En estos últimos años hemos experimentado constantemente una serie de signos que ya es tiempo de que sepamos discernir: los desastres naturales se han estado repitiendo amenazadoramente: terremotos, inundaciones y deslaves. En el plano social, el grado de inseguridad ha llegado a niveles increíbles; los accidentes de todo tipo nos hablan de que nuestra vida está en continuo peligro. ¿No basta esto para entender que debemos estar siempre preparados? Estos hechos no tienen referencia al fin del mundo, sino a la necesidad de estar preparados.

Dios tiene muchas maneras de estar constantemente llamando nuestra atención. A diario vemos enfermedades y acontecimientos a nuestro alrededor, ¡Pero qué difícil es que tomemos conciencia de lo que deberían significar para nosotros! ■

VIVIENDO NUESTRA FE

Si el campesino espera con tanto anhelo el momento de la cosecha; si la madre añora el momento de tener a su hijo recién nacido en sus brazos; si el familiar espera con palidez de muerte el momento en que se abra el quirófano para saber cómo termina la operación del ser querido. ¿Cómo deberíamos los cristianos esperar con verdadero interés la presencia de ese Dios que quiere compartir nuestra pequeñez y condición humana, para luego asociarnos para siempre en el Reino de los Cielos? Si la humanidad duró miles de años en espera de la llegada del Señor, ¿cómo es posible que para nosotros sea algo que pase desapercibido?

PREGUNTAS PARA REFLEXIONAR

1. ¿Notas a tu alrededor cuántas personas viven sin que signifique nada para ellos el nacimiento de Cristo?

2. ¿Tendrías miedo a morir si vivieras constantemente la amistad con Dios y los demás?

3. ¿Has vivido la experiencia de tener algún accidente en el que hayas salido ileso, pero alguno de tus amigos haya muerto? ¿Qué significó para ti?

LECTURAS SEMANALES: Isaías 4:2-6; 11:1-10; 25:6-10a; 26:1-6; 29:17-24; Génesis 3:9-15, 20; Efesios 1:3-6.

PRIMERA LECTURA

Isaías 11:1-10

En aquel día brotará un renuevo del tronco de Jesé, un vástago florecerá de su raíz. Sobre él se posará el espíritu del Señor, espíritu de sabiduría e inteligencia, espíritu de consejo y fortaleza, espíritu de piedad y temor de Dios.

No juzgará por apariencias, ni sentenciará de oídas; defenderá con justicia al desamparado y con equidad dará sentencia al pobre; herirá al violento con el látigo de su boca, con el soplo de sus labios matará al impío. Será la justicia su ceñidor, la fidelidad apretará su cintura.

Habitará el lobo con el cordero, la pantera se echará con el cabrito, el novillo y el león pacerán juntos y un muchachito los apacentará. La vaca pastará con la osa y sus crías vivirán juntas. El león comerá paja con el buey. El niño jugará sobre el agujero de la víbora; la creatura meterá la mano en el escondrijo de la serpiente. No hará daño ni estrago por todo mi monte santo, porque así como las aguas colman el mar, así está lleno el país de la ciencia del Señor. Aquel día la raíz de Jesé se alzará como bandera de los pueblos, la buscarán todas las naciones y será gloriosa su morada.

SEGUNDA LECTURA

Romanos 15:4-9

Hermanos: Todo lo que en el pasado ha sido escrito en los libros santos, se escribió para instrucción nuestra, a fin de que, por la paciencia y el consuelo que dan las Escrituras, mantengamos la esperanza.

Que Dios, fuente de toda paciencia y consuelo, les conceda a ustedes vivir en perfecta armonía unos con otros, conforme al espíritu de Cristo Jesús, para que, con un solo corazón y una sola voz alaben a Dios, Padre de nuestro Señor Jesucristo.

Por lo tanto, acójanse los unos a los otros como Cristo los acogió a ustedes, para gloria de Dios. Quiero decir con esto, que Cristo se puso al servicio del pueblo judío, para demostrar la fidelidad de Dios, cumpliendo las promesas hechas a los patriarcas y que por su misericordia los paganos alaban a Dios, según aquello que dice la Escritura: "Por eso te alabaré y cantaré himnos a tu nombre".

EVANGELIO

Mateo 3:1-12

En aquel tiempo, comenzó Juan el Bautista a predicar en el desierto de Judea, diciendo: "Arrepiéntanse, porque el Reino de los cielos está cerca". Juan es aquel de quien el profeta Isaías hablaba, cuando dijo: "Una voz clama en el desierto: Preparen el camino del Señor, enderecen sus senderos".

Juan usaba una túnica de pelo de camello, ceñida con un cinturón de cuero, y se alimentaba de saltamontes y de miel silvestre. Acudían a oírlo los habitantes de Jerusalén, de toda Judea y de toda la región cercana al Jordán; confesaban sus pecados y él los bautizaba en el río.

Al ver que muchos fariseos y saduceos iban a que los bautizara, les dijo: "Raza de víboras, ¿quién les ha dicho que podrán escapar al castigo que les aguarda? Hagan ver con obras su arrepentimiento y no se hagan ilusiones pensando que tienen por padre a Abraham, porque yo les aseguro que hasta de estas piedras puede Dios sacar hijos de Abraham. Ya el hacha está puesta a la raíz de los árboles, y todo árbol que no dé fruto, será cortado y arrojado al fuego.

Yo los bautizo con agua, en señal de que ustedes se han arrepentido; pero el que viene después de mí, es más fuerte que yo, y yo ni siquiera soy digno de quitarle las sandalias. Él los bautizará en el Espíritu Santo y su fuego. Él tiene el bieldo en su mano para separar el trigo de la paja. Guardará el trigo en su granero y quemará la paja en un fuego que no se extingue".

 **LO QUE** Juan anuncia es la llegada del Salvador del mundo y, por lo tanto, el cumplimiento de la promesa de Dios; pero en vez de preparar los caminos hay que preparar los corazones. Hay que allanar los montes y colinas de la soberbia y el orgullo. Hay que rellenar los valles de la opresión y humillación con un espíritu verdadero de justicia e igualdad. Para preparar una digna morada al esperado de la historia, es necesario ablandar los corazones y en algunos casos, será necesario incluso el cambio de corazón: hacer a un lado el corazón de piedra, duro y empedernido, para poner en aquellas personas un corazón tierno y blando, lleno de comprensión y compasión para con los semejantes.

Juan no se tienta el corazón para decir con toda firmeza a los fariseos y saduceos que iban a escucharlo: "Si quieren salvarse, demuestren con obras su arrepentimiento". Esta clase de personas se siguen apareciendo en todos los tiempos y lugares de la historia de la humanidad. Sobran seres humanos que pelean a brazo partido por ser los primeros en todo lo que este mundo ofrece. Seguros de su fuerza y poder, no se miden en sus exigencias ante los demás, oprimiendo, explotando y humillando a cuanta persona se les acerca, y todavía presumen de que ellos lo pueden todo.

Juan exige los frutos de las buenas obras y amenaza con mandar al fuego a todo árbol que no dé frutos. Los judíos se aferraban fuertemente a sus tradiciones y tenían la firme creencia de que bastaba pertenecer al pueblo de Israel para salvarse. Bastaba ser hijo de Abraham para no tener por qué preocuparse. Pero Juan les hace ver con toda claridad que no deben confiarse, que su pertenencia al pueblo escogido no es ninguna garantía de salvación. Al contrario, la verdadera pertenencia al pueblo escogido se demuestra con las buenas obras, y de eso los fariseos de entonces y los de hoy se encuentran muy lejos.

Juan anuncia al que viene detrás de él, reconociendo que él solo es su anunciador. Juan bautiza con agua, pero el Mesías lo hará con el Espíritu Santo y vendrá con el yelgo en su mano para separar el trigo de la paja.

Con la presencia de Juan Bautista, los tiempos se han cumplido. El redentor prometido ya no es una promesa que hay que seguir esperando, sino que ya se encuentra en medio de su pueblo; su aparición en público es inminente y Juan invita a toda la gente a recibirlo con un sincero arrepentimiento. ∎

VIVIENDO NUESTRA FE

Andamos en los bailes, en los banquetes, saturados de adornos navideños, pero se nos olvida que lo verdaderamente importante de este tiempo es abrir nuestro corazón a la venida de Cristo, que cada día toca a las puertas de nuestro corazón, esperando que seamos sus fieles seguidores y que nos convirtamos en los preparadores de caminos para que más personas le hagan un campito en su corazón.

¿Cuántas cosas habrá que hacer a un lado para podernos preparar y ayudar a que otras personas hagan lo mismo, para hacerle un lugar en nuestras vidas al Mesías prometido? ¿De qué serviría celebrar la Navidad si seguimos alejados de Dios? ¿De qué sirve celebrar Navidad si seguimos olvidando a los pobres de nuestra comunidad?

PREGUNTAS PARA REFLEXIONAR

1. ¿Qué te parece la actitud de Juan Bautista?

2. ¿Qué podemos aprender de la actitud de los fariseos y los saduceos?

3. ¿Crees que por ser católico ya estás salvado?

4. ¿Qué podemos hacer por los pobres durante esta Navidad y el resto del año?

LECTURAS SEMANALES: Isaías 35:1-10; 40:1-11; Zacarías 2:14-17; Isaías 41:13-20; 48:17-19; Sirácide 48:1-4, 9-11.

PRIMERA LECTURA

Eclesiástico (Sirácide) 24:23–31

Yo soy como una vid de fragantes hojas y mis flores son producto de gloria y de riqueza. Yo soy la madre del amor, del temor, del conocimiento y de la santa esperanza. En mí está toda la gracia del camino y de la verdad, toda esperanza de vida y virtud.

Vengan a mí, ustedes, los que me aman y aliméntense de mis frutos. Porque mis palabras son más dulces que la miel y mi heredad, mejor que los panales.

Los que me coman seguirán teniendo hambre de mí, los que me beban seguirán teniendo sed de mí; los que me escuchan no tendrán de qué avergonzarse y los que se dejan guiar por mí no pecarán. Los que me honran tendrán una vida eterna.

SEGUNDA LECTURA

Gálatas 4:4–7

Hermanos: Al llegar la plenitud de los tiempos, envió Dios a su Hijo, nacido de una mujer, nacido bajo la ley, para rescatar a los que estábamos bajo la ley, a fin de hacernos hijos suyos.

Puesto que ya son ustedes hijos, Dios envió a sus corazones el Espíritu de su Hijo, que clama "¡Abbá!", es decir, ¡Padre! Así que ya no eres siervo, sino hijo; y siendo hijo, eres también heredero por voluntad de Dios.

EVANGELIO

Lucas 1:39–48

En aquellos días, María se encaminó presurosa a un pueblo de las montañas de Judea, y entrando en la casa de Zacarías, saludó a Isabel. En cuanto ésta oyó el saludo de María, la creatura saltó de gozo en su seno.

Entonces Isabel quedó llena del Espíritu Santo y exclamó: "¡Bendita tú entre las mujeres y bendito el fruto de tu vientre! ¿Quién soy yo para que la madre de mi Señor venga a verme? Apenas llegó tu saludo a mis oídos y el niño saltó de gozo en mi seno. Dichosa tú, que has creído, porque se cumplirá cuanto te fue anunciado de parte del Señor".

Entonces dijo María: "Mi alma glorifica al Señor y mi espíritu se llena de júbilo en Dios, mi salvador, porque puso sus ojos en la humildad de su esclava".

 **JUAN BAUTISTA** tuvo el encargo de preparar el camino para la venida del redentor en el pueblo de Israel. Para que el Reino de Dios pudiera hacerse realidad en nuestro mundo, invitaba al arrepentimiento y la conversión, y muchas gentes se acercaron a él para ser bautizadas.

Pareciera que el evento guadalupano tuvo la encomienda de preparar los caminos para la implantación de la fe en nuestro continente. La historia nos dice que los primeros misioneros tenían verdaderos problemas para lograr la conversión de los nativos americanos, pero que después de la presencia de la Santísima Virgen en su aparición a Juan Diego, terminaban agotados al tener que bautizar a tantas personas que se convertían a la fe cristiana.

Un mar de corazones visitan año con año el santuario de nuestra madre y señora, a la que no sólo los mexicanos amamos con verdadera devoción, sino que la fe en ella se ha extendido a todo el continente y a muchas otras partes del mundo. Ahora, a más de 450 años de distancia de aquel evento, las palabras de María de Guadalupe siguen grabadas en el corazón de toda América Latina.

Algo digno de recordar y reflexionar de las palabras a Juan Diego, ocurrió cuando este pobre indígena quedó con la Virgen Santísima de volver al día siguiente por la señal para llevársela al obispo como prueba que era la Señora del Cielo la que quería que se le construyera un templo. Pero sucedió que cuando llegó a su casa, se encontró con que su tío Juan Bernardino estaba gravemente enfermo. Al día siguiente, en lugar de regresarse con la Virgen por la señal, pensó sacarle la vuelta para que no lo entretuviera porque iba de prisa en busca de un sacerdote y un médico para que atendieran a su tío.

Lo importante de esta acción es que para Juan Diego primero está la caridad con su prójimo, en este caso con su tío. En su sencillez, coloca a la Señora del cielo a un lado para ayudar a un hermano en necesidad. Éste es verdaderamente el espíritu cristiano, pues al ayudar al prójimo ahí nos encontramos con Dios y con su Santísima madre, como Juan Diego. Por otro lado, la respuesta de la Señora del cielo es evidente: "¿No estoy yo aquí que soy tu madre?". Nuevamente, María de Guadalupe, sin ignorar nuestras realidades terrenas, nos orienta al Reino de Dios, a que no perdamos de vista lo esencial: el mensaje de su Hijo que ella misma encarnó, no sólo en su vientre, sino en nuestra cultura y en nuestra propia historia. ■

VIVIENDO NUESTRA FE

¡Cómo hace falta darnos cuenta de que la mayor parte de nuestros problemas surgen precisamente cuando nos alejamos de los caminos de Dios! Juan Diego le andaba sacando la vuelta a la Virgen porque temía que lo entretuviera y que su tío se muriera por no llevarle a tiempo un doctor. No pensó en que precisamente ella era su mejor intercesora y que, como madre, era la primera preocupada por lo que le pasaba a su hijo.

Bueno sería que nunca pensáramos que ir al templo es perder el tiempo, y que ante cualquiera de nuestros problemas primero le pidamos al Señor y a la Santísima Virgen que nos ayuden y después hacer todo lo que a nosotros nos corresponde para encontrar la solución. Pero ante todo, es el Reino de Dios.

PREGUNTAS PARA REFLEXIONAR

1. ¿Cómo ha sido tu devoción familiar y personal a la Santísima Virgen? ¿Qué imagen se venera en tu país de origen? ¿Cómo la celebran?

2. ¿Has pensado en convertirte en promotor de la devoción a la Santísima Virgen de Guadalupe en el medio ambiente en que te desarrollas? ¿Cómo?

3. ¿Sabes de algunas personas que han recibido algún favor de la Santísima Virgen de Guadalupe? ¿Qué te enseña la fe de estas personas?

16 DE DICIEMBRE DEL 2001

PRIMERA LECTURA

Isaías 35:1-6,10

Esto dice el Señor: "Regocíjate, yermo sediento. Que se alegre el desierto y se cubra de flores, que florezca como un campo de lirios, que se alegre y dé gritos de júbilo, porque le será dada la gloria del Líbano, el esplendor del Carmelo y del Sarón.

Ellos verán la gloria del Señor, el esplendor de nuestro Dios. Fortalezcan las manos cansadas, afiancen las rodillas vacilantes. Digan a los de corazón apocado: '¡Animo! No teman. He aquí que su Dios, vengador y justiciero, viene ya para salvarlos'.

Se iluminarán entonces los ojos de los ciegos, y los oídos de los sordos se abrirán. Saltará como un ciervo el cojo, y la lengua del mudo cantará. Volverán a casa los rescatados por el Señor, vendrán a Sión con cánticos de júbilo, coronados de perpetua alegría; serán su escolta el gozo y la dicha, porque la pena y la aflicción habrán terminado".

SEGUNDA LECTURA

Santiago 5:7-10

Hermanos: Sean pacientes hasta la venida del Señor. Vean cómo el labrador, con la esperanza de los frutos preciosos de la tierra, aguarda pacientemente las lluvias tempraneras y las tardías. Aguarden también ustedes con paciencia y mantengan firme el ánimo, porque la venida del Señor está cerca.

No murmuren, hermanos, los unos de los otros, para que el día del juicio no sean condenados. Miren que el juez ya está a la puerta. Tomen como ejemplo de paciencia en el sufrimiento a los profetas, los cuales hablaron en nombre del Señor.

EVANGELIO

Mateo 11:2-11

En aquel tiempo, Juan se encontraba en la cárcel, y habiendo oído hablar de las obras de Cristo, le mandó preguntar por medio de dos discípulos: "¿Eres tú el que ha de venir o tenemos que esperar a otro?"

Jesús les respondió: "Vayan a contar a Juan lo que están viendo y oyendo: los ciegos ven, los cojos andan, los leprosos quedan limpios de la lepra, los sordos oyen, los muertos resucitan y a los pobres se les anuncia el evangelio. Dichoso aquel que no se sienta defraudado por mí".

Cuando se fueron los discípulos, Jesús se puso a hablar a la gente acerca de Juan: "¿Qué fueron ustedes a ver en el desierto? ¿Una caña sacudida por el viento? No. Pues entonces, ¿qué fueron a ver? ¿A un hombre lujosamente vestido? No, ya que los que visten con lujo habitan en los palacios. ¿A qué fueron, pues? ¿A ver a un profeta? Sí, yo se lo aseguro; y a uno que es todavía más que profeta. Porque de él está escrito: He aquí que yo envío a mi mensajero para que vaya delante de ti y te prepare el camino. Yo les aseguro que no ha surgido entre los hijos de una mujer ninguno más grande que Juan el Bautista. Sin embargo, el más pequeño en el Reino de los cielos, es todavía más grande que él".

CUANDO LOS discípulos del Bautista le preguntan a Jesús: ¿Eres tú el que ha de venir o esperamos a otro? La respuesta no pudo ser más precisa y contundente: vallan y díganle a Juan lo que han visto y oído; los sordos oyen, los ciegos ven, los cojos andan y las enfermedades son curadas.

Al comparar la primera lectura con el Evangelio, descubrimos de inmediato que todo lo profetizado por Isaías se cumple en Jesús. El Reino de los Cielos anunciado por Mateo está en pleno apogeo. El pueblo de Israel, al igual que el anciano Simeón, ya puede dormir en paz porque el Mesías esperado está presente en el mundo y, con él, el cumplimiento de las promesas está garantizado.

La transformación del mundo tenía que irse dando paso a paso. Los desiertos se convertirán en bosques. Quienes siempre han sido víctimas de injusticias y explotación ahora pueden estar tranquilos porque su Dios viene a salvarlos. Ya ha puesto su morada entre nosotros.

Sin embargo, frente a quienes soñaban con un reinado terrestre que los librara de sus enemigos, y los llevara a la gloria y esplendor de los tiempos de David y Salomón, quedan completamente frustrados. Se nota un poco más en el milagro de la multiplicación del pan, lo que provoca que la gente quiera proclamar a Jesús como rey. Sin embargo, Jesús, lejos de aliarse con las autoridades civiles y religiosas de su tiempo, o de manifestar un reinado puramente terrenal, las cuestiona. Esta misma actitud de Jesús hacia la autoridad le traería serios problemas, porque sabía que su "Reino no es de este mundo".

Cristo rechaza la oferta de ser proclamado rey y se entrega por completo al cumplimiento de su misión: dejar establecido el Reino de los Cielos aquí en la tierra, cuyo seguimiento encomendará a sus discípulos.

Ante la pregunta de Juan Bautista responde con hechos, pero luego se pone a comentar con la gente su pensamiento en relación a Juan Bautista. Confirma públicamente que se trata de alguien que es más que un profeta: es el encargado directo de preparar los caminos del Señor.

Nada hay de mayor importancia en la vida humana que la pertenencia al Reino de Dios anunciado por Cristo. La pregunta es si estamos listos para realizar esa tarea que nos encomendó Jesús. ∎

VIVIENDO NUESTRA FE

No son pocos los casos de personas que ante la enfermedad, las injusticias, la explotación y los problemas familiares llegan a tal grado de desesperación que quieren incluso quitarse la vida, desquitarse o vengarse de las personas que le han hecho mal o abandonar su compromiso matrimonial.

Isaías nos anima a levantar el ánimo y san Pablo en su carta nos invita a tener paciencia porque nuestra vida en este mundo es corta y la llegada del salvador está cerca y vendrá para imponer justicia y paz en este mundo. En el Evangelio nos demuestra que las promesas de los profetas están llegando a su pleno cumplimiento. Jamás debemos desconfiar de la bondad y misericordia de Dios; ofrece siempre su perdón al que se arrepiente, pero a la vez su justicia no dejará lugar a dudas para nadie.

PREGUNTAS PARA REFLEXIONAR

1. ¿Cómo manifiestas que Cristo puede ayudarte a resolver tus problemas?

2. ¿Crees que la venida de Cristo será real y eficaz en tu vida? ¿Cómo?

3. ¿Cómo te estás preparando para la venida de Cristo?

4. ¿Cómo puedes ayudar a tu familia o amigos a prepararse para recibir a Cristo en su corazón?

LECTURAS SEMANALES: Génesis 49:2, 8-10; Jeremías 23:5-8; Jueces 13:2-7, 24-25a; Isaías 7:10-14; Cantar de los Cantares 2:8-14; 1 Samuel 1:24-28.

PRIMERA LECTURA

Isaías 7:10-14

En aquellos tiempos, el Señor le habló a Ajaz diciendo: "Pide al Señor, tu Dios, una señal de abajo, en lo profundo o de arriba, en lo alto". Contestó Ajaz: "No la pediré. No tentaré al Señor".

Entonces dijo Isaías: "Oye, pues, casa de David: ¿No satisfechos con cansar a los hombres, quieren cansar también a mi Dios? Pues bien, el Señor mismo les dará por eso una señal: He aquí que la virgen concebirá y dará a luz un hijo y le pondrán el nombre de Emmanuel, que quiere decir Dios-con-nosotros".

SEGUNDA LECTURA

Romanos 1:1-7

Yo, Pablo, siervo de Cristo Jesús, he sido llamado por Dios para ser apóstol y elegido por él para proclamar su evangelio. Ese evangelio, que, anunciado de antemano por los profetas en las Sagradas Escrituras, se refiere a su Hijo, Jesucristo, nuestro Señor, que nació, en cuanto a su condición de hombre, del linaje de David, y en cuanto a su condición de espíritu santificador, se manifestó con todo su poder como Hijo de Dios, a partir de su resurrección de entre los muertos.

Por medio de Jesucristo, Dios me concedió la gracia del apostolado, a fin de llevar a los pueblos paganos a la aceptación de la fe, para gloria de su nombre. Entre ellos, también se cuentan ustedes, llamados a pertenecer a Cristo Jesús.

A todos ustedes, los que viven en Roma, a quienes Dios ama y ha llamado a la santidad, les deseo la gracia y la paz de Dios, nuestro Padre, y de Jesucristo, el Señor.

EVANGELIO

Mateo 1:18-24

Cristo vino al mundo de la siguiente manera: Estando María, su madre, desposada con José, y antes de que vivieran juntos, sucedió que ella, por obra del Espíritu Santo, estaba esperando un hijo. José, su esposo, que era hombre justo, no queriendo ponerla en evidencia, pensó dejarla en secreto.

Mientras pensaba en estas cosas, un ángel del Señor le dijo en sueños: "José, hijo de David, no dudes en recibir en tu casa a María, tu esposa, porque ella ha concebido por obra del Espíritu Santo. Dará a luz un hijo y tú le pondrás el nombre de Jesús, porque él salvará a su pueblo de sus pecados".

Todo esto sucedió para que se cumpliera lo que había dicho el Señor por boca del profeta Isaías: He aquí que la virgen concebirá y dará a luz un hijo, a quien pondrán el nombre de Emmanuel, que quiere decir Dios-con-nosotros.

Cuando José despertó de aquel sueño, hizo lo que le había mandado el ángel del Señor y recibió a su esposa.

DIOS NUESTRO nos envía a su Hijo nacido de mujer. Cuando nos referimos a la presencia del Hijo de Dios verdadero entre nosotros, se presta para que mucha gente lo tome como uno más de los mitos de la antigüedad y que se piense que no es más que un deseo de la convivencia de los dioses con la humanidad. Sin embargo, ahora tenemos que reconocer que no se trata de ningún mito. Es Dios mismo que ha hecho la promesa y es en el Mesías en quien se cumplen las promesas de las Sagradas Escrituras. "He aquí que una virgen concebirá y dará a luz a un Hijo y será llamado el Emmanuel", que quiere decir Dios-con-nosotros.

Una joven virgen ha sido la elegida por Dios para ser la madre de su Hijo. José, el personaje silencioso y padre terrenal de Jesús, conociendo la cultura de su tiempo decide abandonarla en secreto. Pero Dios se revela nuevamente, como luego lo haría Jesús con sus discípulos: "Ánimo, no tengan miedo. Soy Yo".

Es admirable el comportamiento tanto de José como de María: él lleno de prudencia y ella llena de confianza en que el Señor mostraría el camino a seguir.

Una mujer que vivía en el anonimato, casi desconocida, podemos decir huérfana, que desde los tres años había sido presentada por sus padres al servicio del templo, es la que se hace merecedora de las promesas. Elegida por el mismo Dios para ser la madre de su Hijo, no hace el más mínimo alarde; antes bien, con el Hijo en sus entrañas, se decide a visitar a su prima Isabel, quien también esperaba un hijo. Desde ese instante, inicia en su vida una actitud de servicio y donación a los demás, siendo portadora del mismo Hijo de Dios.

Su sola presencia en casa de Isabel hace que salte de contento el niño que Isabel llevaba en sus entrañas, y las gracias que descienden sobre ese niño por la presencia de María y del fruto de su vientre hacen que sea conocido en toda la comarca y que todos lo contemplen llenos de admiración.

Los caminos del Señor están llenos de misterios, pero a la vez pueden pasar de tal forma desapercibidos, que mucha gente los ve pasar como lo más normal del mundo. Así fue el nacimiento de Jesús en este mundo. ¿Qué pasaría ahora si Jesús viniera a la tierra como lo hizo hace 2000 años? ∎

VIVIENDO NUESTRA FE

En nuestro mundo cada vez se sufre más por la paternidad irresponsable; hay muchos hombres que en la búsqueda de un placer insaciable dejan madres solteras abandonadas o abandonan con la mayor tranquilidad sus hogares, sin importar esposa e hijos. Cada día más se hace necesaria la presencia de hombres y mujeres que, sin haber engendrado hijos, se hagan cargo de ellos dando amor y cuidado a tantos niños que no saben lo que es una verdadera paternidad.

Ser padres no consiste en engendrar seres humanos, sino en acompañarlos durante toda la vida, dándoles amor y cariño junto con todos los cuidados necesarios para que cada ser pueda lograr su pleno desarrollo.

PREGUNTAS PARA REFLEXIONAR

1. ¿Cuál es la actitud de los padres cuando alguna de sus hijos aparece embarazada?

2. ¿Qué podríamos hacer ante la realidad de tantos padres solteros?

3. Ante problemas delicados en la familia ¿Sabemos esperar la voz del Señor?

4. ¿Aceptamos con humildad y con fe el misterio de la maternidad y virginidad de María?

LECTURAS SEMANALES: 2 Samuel 7:1-5, 8b-12, 14a, 16; Isaías 52:7-10 (Día); Hechos 6:8-10; 7:54-59; 1 Juan 1:1-4; 1 Juan 1:5—2:2; 1 Juan 2:3-11.

NAVIDAD

Salmo 98

Entonen al Señor un canto nuevo, pues obró
      maravillas.
Suya fue la salvación, obra de su mano,
      victoria del Santo.

El Señor trajo la salvación, y reconocieron
      los pueblos que Él es Santo.

Renovó su amor y lealtad a Israel.
      Han visto los extremos de la tierra
      la Salvación de nuestro Dios.

¡Aclama al Señor, tierra entera,
      con gritos de alegría!

Canten salmos al Señor tocando el arpa;
      aclámenlo con cantos y música.

Aclamen con trompetas y con cuernos
      al Señor nuestro rey.

Oígase el clamor del mar y de toda su gente;
      de la tierra y sus pobladores.

Aplaudan juntos los ríos,
      y alégrense los montes.

Delante del Señor, que ya viene
      a juzgar la tierra.
Juzgará con justicia al universo,
      y según el derecho a las naciones.

PRIMERA LECTURA

Isaías 9:1–3, 5–6

El pueblo que caminaba en tinieblas vio una gran luz; sobre los que vivían en tierra de sombras, una luz resplandeció.

Engrandeciste a tu pueblo e hiciste grande su alegría. Se gozan en tu presencia como gozan al cosechar, como se alegran al repartirse el botín. Porque tú quebrantaste su pesado yugo, la barra que oprimía sus hombros y el cetro de su tirano, como en el día de Madián.

Porque un niño nos ha nacido, un hijo se nos ha dado; lleva sobre sus hombros el signo del imperio y su nombre será: "Consejero admirable", "Dios poderoso", "Padre sempiterno", "Príncipe de la paz"; para extender el principado con una paz sin límites sobre el trono de David y sobre su reino; para establecerlo y consolidarlo con la justicia y el derecho, desde ahora y para siempre. El celo del Señor lo realizará.

SEGUNDA LECTURA

Tito 2:11–14

Querido hermano: La gracia de Dios se ha manifestado para salvar a todos los hombres y nos ha enseñado a renunciar a la irreligiosidad y a los deseos mundanos, para que vivamos, ya desde ahora, de una manera sobria, justa y fiel a Dios, en espera de la gloriosa venida del gran Dios y salvador, Cristo Jesús, nuestra esperanza. Él se entregó por nosotros para redimirnos de todo pecado y purificarnos, a fin de convertirnos en pueblo suyo, fervorosamente entregado a practicar el bien.

EVANGELIO

Lucas 2:1–14

Por aquellos días, se promulgó un edicto de César Augusto, que ordenaba un censo de todo el imperio. Este primer censo se hizo cuando Quirino era gobernador de Siria. Todos iban a empadronarse, cada uno en su propia ciudad; así es que también José, perteneciente a la casa y familia de David, se dirigió desde la ciudad de Nazaret, en Galilea, a la ciudad de David, llamada Belén, para empadronarse, juntamente con María, su esposa, que estaba encinta.

Mientras estaban ahí, le llegó a María el tiempo de dar a luz y tuvo a su hijo primogénito; lo envolvió en pañales y lo recostó en un pesebre, porque no hubo lugar para ellos en la posada.

En aquella región había unos pastores que pasaban la noche en el campo, vigilando por turno sus rebaños. Un ángel del Señor se les apareció y la gloria de Dios los envolvió con su luz y se llenaron de temor. El ángel les dijo: "No teman. Les traigo una buena noticia, que causará gran alegría a todo el pueblo: hoy les ha nacido, en la ciudad de David, un salvador, que es el Mesías, el Señor. Esto les servirá de señal: encontrarán al niño envuelto en pañales y recostado en un pesebre".

De pronto se le unió al ángel una multitud del ejército celestial, que alababa a Dios, diciendo: "¡Gloria a Dios en el cielo, y en la tierra paz a los hombres de buena voluntad!"

TODO COMENZÓ desde la creación. Lo más sublime de ella fue el haber creado al ser humano a su imagen y semejanza, hombre y mujer. La armonía entre ambos era admirable. Sin embargo, hubo alguien que no pudo soportar semejante dicha de vivir en comunión total con Dios y su creación y por eso los seduce, prometiéndoles llegar a ser "como dioses". Bajo este engaño desobedecen el plan de Dios y, en consecuencia, se rompe la comunión que vivían con él. Adán y Eva son arrojados del paraíso.

En su infinita sabiduría, Dios estuvo preparando un pueblo para el cumplimiento de su promesa, hasta que llegara el tiempo indicado para revelarse plenamente en Jesucristo. Pero antes de eso había que vivir un largo proceso de formación y constitución. La convivencia tan íntima y familiar entre criatura y creador se terminó y la armonía misma en toda la creación desapareció con el pecado. Al mismo tiempo, la bondad infinita de Dios puso en marcha un plan de salvación. De entre todos, Dios elige a Abraham con la promesa de hacerlo padre de una gran pueblo. Lo saca de entre su gente y su parentela para plantarlo en una tierra pródiga y darle una ancianidad feliz. De este pueblo es el que ha nacido nuestro Salvador.

Esta noche, celebramos el cumplimiento de esa promesa: Jesucristo, el Hijo de Dios, se hace carne de nuestra carne. "¡Oh feliz culpa, que nos mereció tan gran redentor"!

Con la llegada del Mesías, recobramos la convivencia íntima y familiar que se había gozado en el paraíso. La cercanía lograda entre Dios y la humanidad no podía ser mayor. De hecho, Cristo rompe con esa distancia que existía. En una sola persona se unen dos naturalezas. En Cristo se unen plenamente Dios y la humanidad. Emmanuel es la palabra y el Verbo que lo resuelve todo, Dios-con-nosotros. Dios se revela plenamente con un rostro humano. El rostro de un niño, con su encanto, candor e inocencia, es la máxima expresión del amor de Dios por la humanidad. La venida de Cristo a la tierra, como el Mesías de Dios, es la plenitud de la revelación, pues ahora Dios nos habla a través de su propio Hijo. ∎

VIVIENDO NUESTRA FE

El compromiso de todo cristiano consiste en hacer presente el rostro humano de Dios, manifestado en Jesucristo, que se hizo en todo semejante a nosotros, menos en el pecado. La imagen del Dios del Primer Testamento, al cual no se le podía ver el rostro y seguir viviendo, es cambiada en el Nuevo Testamento por la imagen concreta y visible del Dios hecho niño nacido en el portal de Belén en medio de una pobreza extrema. Los primeros que entran en contacto con esa nueva realidad son los más sencillos y humildes de su tiempo: unos pobres pastores son los que reciben la noticia más sublime e importante de todos los tiempos: "Hoy les ha nacido en la ciudad de David, un Salvador, que es el Mesías, el Señor". Es compromiso de cada cristiano hacer presente el amor de Dios, manifestado en el corazón de Cristo.

PREGUNTAS PARA REFLEXIONAR

1. ¿Cómo celebras la Navidad?

2. ¿De qué forma resalta en tu medio ambiente el espíritu cristiano de la Navidad?

3. ¿Eres consciente de que el regalo más importante de la Navidad es Cristo mismo? ¿Cómo lo explicas y compartes?

4. ¿Cómo recibiría san José la presencia de aquel niño?

PRIMERA LECTURA

Eclesiástico (Sirácide) 3:3–7, 14–17

El Señor honra al padre en los hijos y respalda la autoridad de la madre sobre la prole. El que honra a su padre queda limpio de pecado; y acumula tesoros, el que respeta a su madre.

Quien honra a su padre, encontrará alegría en sus hijos y su oración será escuchada; el que enaltece a su padre, tendrá larga vida y el que obedece al Señor, es consuelo de su madre.

Hijo, cuida de tu padre en la vejez y en su vida no le causes tristeza; aunque chochee, ten paciencia con él y no lo menosprecies por estar tú en pleno vigor. El bien hecho al padre no quedará en el olvido y se tomará a cuenta de tus pecados.

SEGUNDA LECTURA

Colosenses 3:12–21

Hermanos: Puesto que Dios los ha elegido a ustedes, los ha consagrado a él y les ha dado su amor, sean compasivos, magnánimos, humildes, afables y pacientes. Sopórtense mutuamente y perdónense cuando tengan quejas contra otro, como el Señor los ha perdonado a ustedes. Y sobre todas estas virtudes, tengan amor, que es el vínculo de la perfecta unión.

Que en sus corazones reine la paz de Cristo, esa paz a la que han sido llamados, como miembros de un solo cuerpo. Finalmente, sean agradecidos.

Que la palabra de Cristo habite en ustedes con toda su riqueza. Enséñense y aconséjense unos a otros lo mejor que sepan. Con el corazón lleno de gratitud, alaben a Dios con salmos, himnos y cánticos espirituales; y todo lo que digan y todo lo que hagan, háganlo en el nombre del Señor Jesús, dándole gracias a Dios Padre, por medio de Cristo.

Mujeres, respeten la autoridad de sus maridos, como lo quiere el Señor. Maridos, amen a sus esposas y no sean rudos con ellas. Hijos, obedezcan en todo a sus padres, porque eso es agradable al Señor. Padres, no exijan demasiado a sus hijos, para que no se depriman.

EVANGELIO

Mateo 2:13–15, 19–23

Después de que los magos partieron de Belén, el ángel del Señor se le apareció en sueños a José y le dijo: "Levántate, toma al niño y a su madre, y huye a Egipto. Quédate allá hasta que yo te avise, porque Herodes va a buscar al niño para matarlo".

José se levantó y esa misma noche tomó al niño y a su madre y partió para Egipto, donde permaneció hasta la muerte de Herodes. Así se cumplió lo que dijo el Señor por medio del profeta: De Egipto llamé a mi hijo.

Después de muerto Herodes, el ángel del Señor se le apareció en sueños a José y le dijo: "Levántate, toma al niño y a su madre y regresa a la tierra de Israel, porque ya murieron los que intentaban quitarle la vida al niño".

Se levantó José, tomó al niño y a su madre y regresó a tierra de Israel. Pero, habiendo oído decir que Arquelao reinaba en Judea en lugar de su padre, Herodes, tuvo miedo de ir allá, y advertido en sueños, se retiró a Galilea y se fue a vivir en una población llamada Nazaret. Así se cumplió lo que habían dicho los profetas: Se le llamará nazareno.

ES DE LO MÁS normal que muchas de las páginas del Evangelio las justifiquemos tranquilamente como algo que sucedió en aquel tiempo, porque la humanidad estaba aún demasiado limitada en su desarrollo. El ejercicio de la autoridad era brutal, despótico y absoluto. Los reyes eran dueños absolutos de sus gobernados. La vida de cada miembro del reino pendía de la voluntad del rey. Cuando leemos el decreto de Herodes que ordena el exterminio de todo niño menor de dos años en su reino, o cuando nos damos cuenta de que en Egipto el faraón había ordenado la muerte de todo varón israelita, lo tomamos como algo normal dentro del proceso de desarrollo humano. Además, lo vemos como algo demasiado lejano como para compararlo con lo acontecido en nuestro tiempo. Ahora estamos provistos de leyes cada vez más sabias y justas, y hay organizaciones mundiales para la defensa de los derechos humanos.

Sin embargo, la realidad es completamente distinta. El exterminio de inocentes se ha extendido a través de toda la historia de la humanidad, y con mil pretextos sigue su curso. Hoy más que nunca, un ejército de criminales, amparados en sus títulos, ha declarado la guerra y combate la llegada del ser humano desde las mismas entrañas de la madre.

El número de abortos en el mundo es propiamente incontable. Desde el momento mismo de la concepción, se ataca de mil formas la posible presencia de nuevas vidas humanas. En algunas naciones, por ley no se puede tener más de un hijo. Pero lo más doloroso de nuestro tiempo es que no son enemigos externos los causantes del exterminio de inocentes, sino los propios padres quienes se oponen y rechazan ser portadores de vida y, en la mayoría de los casos, son ellos mismos quienes exigen la práctica del aborto.

Cuando los padres no son capaces de velar por sus hijos, en nada nos debe extrañar que haya tanto atentado contra la vida humana. Pero el abuso contra los inocentes no se limita al tiempo de la gestación, sino que se prolonga durante toda la infancia. A nivel mundial la explotación de menores es escalofriante. El tráfico de niños es uno de los negocios bastante lucrativos: transplante de órganos, tráfico de drogas, niños soldados, explotación sexual y pornografía infantil.

¿Cuántas mujeres y hombres al estilo de María y José necesitamos? ¿A dónde podrán huir los niños de nuestro tiempo para poder sobrevivir? ■

VIVIENDO NUESTRA FE

Es muy fácil descubrir y condenar lo malo que vemos en los demás. De inmediato ubicamos toda esa clase de personas que atentan contra la vida humana. Pero, ¿hasta dónde somos parte de ese mismo juego? Cuando nos encontramos en la vida con este tipo de personas, ¿Somos capaces de hablarles con la verdad y de invitarlos a amar y respetar la vida humana en todos los momentos de su existencia? Cuando sabemos del caso desesperado de alguna madre soltera que al quedar embarazada no cuenta con el apoyo del padre de su hijo se siente rechazada y atacada por su familia, ¿estamos dispuestos a brindarle apoyo y ofrecerle un lugar al interior de nuestra familia?

PREGUNTAS PARA REFLEXIONAR

1. ¿Qué haces por la defensa de la vida en todas sus etapas?

2. Cuando sabes de alguna persona que desea abortar, ¿Cuál es tu consejo?

3. ¿Detectas a los Herodes de nuestro tiempo que trabajan por el exterminio de los niños?

4. ¿Cómo sería bueno educar los futuros padres para que sepan querer y defender las nuevas vidas que han sembrado?

LECTURAS SEMANALES: 1 Juan 2:18–21; Números 6:22–27; 1 Juan 2:22–28; 2:29—3:6; 3:7–10; 1 Juan 3:11–21.

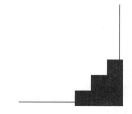

1° DE ENERO DEL 2002

PRIMERA LECTURA

Números 6:22-27

En aquel tiempo, el Señor habló a Moisés y le dijo: "Di a Aarón y a sus hijos: 'De esta manera bendecirán a los israelitas: El Señor te bendiga y te proteja, haga resplandecer su rostro sobre ti y te conceda su favor. Que el Señor te mire con benevolencia y te conceda la paz'.

Así invocarán mi nombre sobre los israelitas y yo los bendeciré".

SEGUNDA LECTURA

Gálatas 4:4-7

Hermanos: Al llegar la plenitud de los tiempos, envió Dios a su Hijo, nacido de una mujer, nacido bajo la ley, para rescatar a los que estábamos bajo la ley, a fin de hacernos hijos suyos.

Puesto que ya son ustedes hijos, Dios envió a sus corazones el Espíritu de su Hijo, que clama "¡Abbá!", es decir, ¡Padre! Así que ya no eres siervo, sino hijo; y siendo hijo, eres también heredero por voluntad de Dios.

EVANGELIO

Lucas 2:16-21

En aquel tiempo, los pastores fueron a toda prisa hacia Belén y encontraron a María, a José y al niño, recostado en el pesebre. Después de verlo, contaron lo que se les había dicho de aquel niño y cuantos los oían, quedaban maravillados. María, por su parte, guardaba todas estas cosas y las meditaba en su corazón.

Los pastores se volvieron a sus campos, alabando y glorificando a Dios por todo cuanto habían visto y oído, según lo que se les había anunciado.

Cumplidos los ocho días, circuncidaron al niño y le pusieron el nombre de Jesús, aquel mismo que había dicho el ángel, antes de que el niño fuera concebido.

 **EL CASO** de María es una realidad que pone a prueba fuertemente nuestra fe. El hecho de reconocerla y aceptarla como virgen y madre es algo que naturalmente repugna a la inteligencia humana. Nadie que tenga la cabeza en su lugar puede aceptar que esas dos realidades se puedan dar simultáneamente. Lo correcto es que si se es madre no se puede ser virgen, y que a su vez si se es virgen no se puede ser madre. Por eso, ya desde aquí nos encontramos con que María está envuelta en un sinfín de misterios. El siguiente aspecto es todavía más difícil de aceptar: ¿Cómo es posible que una criatura sea madre del creador?

Cuando hablamos de María como la madre de Dios, entramos de lleno en los misterios que encierra la Historia de la Salvación. Cuando María se queda sorprendida y desconcertada ante el saludo de Gabriel y le pregunta cómo podría ser aquello, puesto que ella no conocía varón, la respuesta fue: "El Espíritu del Señor te cubrirá con su sombra, por eso, lo que va a nacer de ti será llamado Hijo del Altísimo". Entonces María apenas acertó decir: "Yo soy la esclava del Señor, que se cumpla en mi cuanto me ha sido anunciado".

En la visita de María a su prima Isabel, brotan de los labios de ésta palabras llenas de significado: "De donde a mí que la madre de mi Señor venga a verme, dichosa tú que has creído, porque se cumplirá cuanto te fue anunciado de parte del Señor".

Una joven casi desconocida es elegida para ser la madre de Dios. Sin embargo, Dios mismo pide su consentimiento. ¿Has pensado cuántas cosas dependen de un Sí, o un No, a lo que Dios espera de cada uno de nosotros? Si la Santísima Virgen no hubiera aceptado la invitación del Señor a ser su madre, ¿Qué hubiera sido de la humanidad?

Es demasiado frecuente en la vida de cada uno de nosotros que cuando se nos invita a colaborar en algún tipo de apostolado, lo primero que respondemos es que no estamos preparados o no sabemos cómo hacer aquello. ¿Acaso María estaba preparada para ser la Madre de Dios? Qué importante es ponernos en las manos de Dios, poniendo nuestra voluntad a su servicio, y seguramente Él sabrá hacer cosas admirables a través de nosotros.

María se pone en las manos de Dios y se entrega al misterio; ella no sabe lo que le espera, pero tiene una confianza plena y total en el Señor y sabe que la llevará adelante. ∎

VIVIENDO NUESTRA FE

El ejemplo de María debe ser un modelo para todos nosotros a la hora de escuchar la voz de Señor y responder a su llamada. Es bueno que nos preparemos lo mejor que nos sea posible para desempeñar con toda eficacia la misión que Él nos encomiende. Dios jamás nos pedirá algo superior a nuestras posibilidades. Basta que pongamos lo que está de nuestra parte y dejemos nuestra voluntad en sus manos, y seguramente hará maravillas en nosotros. No tengamos miedo a las adversidades y a caminar en la oscuridad de la fe, puesto que Él nos llevará de la mano. No esperemos a ser superdotados o a tener una claridad total sobre lo que será de nosotros. Basta que pongamos al servicio del Señor lo que somos y tenemos para que la obra de la salvación siga su marcha en el mundo.

PREGUNTAS PARA REFLEXIONAR

1. ¿Te gustaría, como María, ser portadora de Cristo a los demás?

2. ¿Tendrás la fe suficiente para aceptar con serenidad la misión que el Señor tiene preparada para ti?

3. ¿Has reflexionado en la inmensidad de gracias que María nos alcanzó por haber dado su Sí al Señor?

PRIMERA LECTURA

Isaías 60:1–6

Levántate y resplandece, Jerusalén, porque ha llegado tu luz y la gloria del Señor alborea sobre ti. Mira: las tinieblas cubren la tierra y espesa niebla envuelve a los pueblos; pero sobre ti resplandece el Señor y en ti se manifiesta su gloria. Caminarán los pueblos a tu luz y los reyes, al resplandor de tu aurora. Levanta los ojos y mira alrededor: todos se reúnen y vienen a ti; tus hijos llegan de lejos, a tus hijas las traen en brazos. Entonces verás esto radiante de alegría; tu corazón se alegrará, y se ensanchará, cuando se vuelquen sobre ti los tesoros del mar y te traigan las riquezas de los pueblos. Te inundará una multitud de camellos y dromedarios, procedentes de Madián y de Efá. Vendrán todos los de Sabá trayendo incienso y oro y proclamando las alabanzas del Señor.

SEGUNDA LECTURA

Efesios 3:2–3a, 5–6

Hermanos: Han oído hablar de la distribución de la gracia de Dios, que se me ha confiado en favor de ustedes. Por revelación se me dio a conocer este misterio, que no había sido manifestado a los hombres en otros tiempos, pero que ha sido revelado ahora por el Espíritu a sus santos apóstoles y profetas: es decir, que por el evangelio, también los paganos son coherederos de la misma herencia, miembros del mismo cuerpo y partícipes de la misma promesa en Jesucristo.

EVANGELIO

Mateo 2:1–12

Jesús nació en Belén de Judá, en tiempos del rey Herodes. Unos magos de Oriente llegaron entonces a Jerusalén y preguntaron: "¿Dónde está el rey de los judíos que acaba de nacer? Porque vimos surgir su estrella y hemos venido a adorarlo".

Al enterarse de esto, el rey Herodes se sobresaltó y toda Jerusalén con él. Convocó entonces a los sumos sacerdotes y a los escribas del pueblo y les preguntó dónde tenía que nacer el Mesías. Ellos le contestaron: "En Belén de Judá, porque así lo ha escrito el profeta: Y tú, Belén, tierra de Judá, no eres en manera alguna la menor entre las ciudades ilustres de Judá, pues de ti saldrá un jefe, que será el pastor de mi pueblo, Israel".

Entonces Herodes llamó en secreto a los magos, para que le precisaran el tiempo en que se les había aparecido la estrella y los mandó a Belén, diciéndoles: "Vayan a averiguar cuidadosamente qué hay de ese niño, y cuando lo encuentren, avísenme para que yo también vaya a adorarlo".

Después de oír al rey, los magos se pusieron en camino, y de pronto la estrella que habían visto surgir, comenzó a guiarlos, hasta que se detuvo encima de donde estaba el niño. Al ver de nuevo la estrella, se llenaron de inmensa alegría. Entraron en la casa y vieron al niño con María, su madre, y postrándose, lo adoraron. Después, abriendo sus cofres, le ofrecieron regalos: oro, incienso y mirra. Advertidos durante el sueño de que no volvieran a Herodes, regresaron a su tierra por otro camino.

EL PUEBLO elegido de Dios que esperaba la venida del Mesías fue completamente sorprendido por la manera de actuar de Dios. Fue necesaria la presencia de unos magos de oriente para que el mismo Herodes, rey de Judea, pidiera a los conocedores de las Sagradas Escrituras su parecer acerca del nacimiento del Rey de los judíos que acababa de nacer.

¿Cómo es posible que los de casa ignoren un acontecimiento de esa magnitud, mientras que gente de tierras lejanas tengan que hacer largas jornadas de camino para ser testigos de esta realidad? Herodes se sobresaltó y toda Jerusalén con él. ¿Cómo era posible que en su propio reino (y siendo él el dueño y señor de esas tierras), hubiera nacido ya quien lo iba a suceder? Sin embargo, el hecho crea una completa confusión. Por un lado, los magos hablan del rey de los judíos que acaba de nacer, pero vienen con el propósito de adorarlo. Por otro lado, Herodes pregunta a los sumos sacerdotes y a los escribas dónde tendría que nacer el Mesías.

Su Reino es de carácter universal. Israel vuelve a convertirse en un símbolo de la presencia de Dios para todo el mundo, pero ahora como una plataforma de donde se lanzará el mensaje de salvación que traerá la libertad a todos los pueblos de la tierra.

La presencia de los magos en el pesebre con sus distintos dones nos habla de las dos naturalezas de Cristo: reconoce su humanidad y divinidad, y queda de manifiesto ante el mundo que aquel niño que acaba de nacer no es uno más de entre los humanos, sino alguien muy especial.

Herodes se muestra sumamente interesado en el acontecimiento y pide una información completa acerca del niño que ha de nacer porque también él quiere ir a adorarlo, aunque su intención es totalmente otra.

Basta un mínimo de reflexión para darnos cuenta de que la estrella fue un medio para que la noticia fuera conocido. Lástima que en lugar de ganar simpatías el acontecimiento fue ignorado, como más tarde lo sería su mensaje de salvación entre sus contemporáneos. De nada sirvió la matanza despiadada de inocentes, pues el cumplimiento de la salvación ya se ha inaugurado con Cristo. Posteriormente, Jesús tendrá que aclarar ante Pilato que su Reino no es de este mundo, pero ante él mismo sostendrá que Jesús es Rey. ∎

VIVIENDO NUESTRA FE

Es algo de lo más frecuente en nuestro mundo que el ser humano, en su ambición de poder, tener y placer, no se tiente el corazón para cometer los crímenes más terribles y, una vez caído en el primero, los demás vienen como lo más natural. Frecuentemente, en nuestro afán de librarnos del castigo por nuestras malas acciones, nos lanzamos al exterminio de los testigos que nos pueden comprometer. Todo esto sucede porque al no ser conscientes de nuestro destino eterno, nos lanzamos a la satisfacción de los apetitos, sin saber que traerán un vacío inmenso que jamás podremos llenar.

PREGUNTAS PARA REFLEXIONAR

1. ¿Qué tipo de Mesías esperaría Herodes?

2. ¿Por qué el pueblo de Israel rechazó a Cristo?

3. ¿Acaso nosotros no esperamos también un Mesías terreno que nos haga triunfar en lo material?

4. ¿Cómo entendemos el reinado de Cristo, su manifestación al mundo?

LECTURAS SEMANALES: 1 Juan 3:22—4:6; 4:7-10; 4:11-18; 4:19—5:4; 5:5-13; 5:41-21.

13 DE ENERO DEL 2002

PRIMERA LECTURA

Isaías 42:1-4, 6-7

Esto dice el Señor: "Miren a mi siervo, a quien sostengo, a mi elegido, en quien tengo mis complacencias. En él he puesto mi espíritu para que haga brillar la justicia sobre las naciones.

No gritará, no clamará, no hará oír su voz por las calles; no romperá la caña resquebrajada, ni apagará la mecha que aún humea. Promoverá con firmeza la justicia, no titubeará ni se doblegará hasta haber establecido el derecho sobre la tierra y hasta que las islas escuchen su enseñanza.

Yo, el Señor, fiel a mi designio de salvación, te llamé, te tomé de la mano, te he formado y te he constituido alianza de un pueblo, luz de las naciones, para que abras los ojos de los ciegos, saques a los cautivos de la prisión y de la mazmorra a los que habitan en tinieblas".

SEGUNDA LECTURA

Hechos de los Apóstoles 10:34-38

En aquellos días, Pedro se dirigió a Cornelio y a los que estaban en su casa, con estas palabras: "Ahora caigo en la cuenta de que Dios no hace distinción de personas, sino que acepta al que lo teme y practica la justicia, sea de la nación que fuere. Él envió su palabra a los hijos de Israel, para anunciarles la paz por medio de Jesucristo, Señor de todos.

Ya saben ustedes lo sucedido en toda Judea, que tuvo principio en Galilea, después del bautismo predicado por Juan: cómo Dios ungió con el poder del Espíritu Santo a Jesús de Nazaret y cómo éste pasó haciendo el bien, sanando a todos los oprimidos por el diablo, porque Dios estaba con él".

EVANGELIO

Mateo 3:13-17

En aquel tiempo, Jesús llegó de Galilea al río Jordán y le pidió a Juan que lo bautizara. Pero Juan se resistía, diciendo: "Yo soy quien debe ser bautizado por ti, ¿y tú vienes a que yo te bautice?" Jesús le respondió: "Haz ahora lo que te digo, porque es necesario que así cumplamos todo lo que Dios quiere". Entonces Juan accedió a bautizarlo.

Al salir Jesús del agua, una vez bautizado, se le abrieron los cielos y vio al Espíritu de Dios, que descendía sobre él en forma de paloma y oyó una voz que decía, desde el cielo: "Éste es mi Hijo muy amado, en quien tengo mis complacencias".

EL BAUTISMO y la transfiguración de Jesús son momentos clave dentro del proceso que el Señor utilizó para revelarse a la humanidad. La pedagogía divina se muestra a plenitud en la manera como se va revelando.

Primero se da a conocer al pueblo de Israel como el Único Dios Verdadero. Para el pueblo elegido, que vivía en medio de una idolatría generalizada donde cada nación tenía infinidad de dioses, no hubo mejor manera de darse a conocer, en contraposición a todos los dioses falsos. Incluso se prohíbe a este pueblo hacer imagen alguna de Dios.

A esto se debió que Cristo nunca pudiera hablar directamente de su divinidad: sabía que en el momento en que lo hiciera, sería condenado a muerte por blasfemo . . . y, de hecho, así fue. Durante su bautismo, el cielo mismo da una señal de que es el Mesías, el ungido de Dios que llevaría a cabo la promesa de salvación. Es precisamente al momento de ser bautizado cuando Jesús adquiere conciencia clara de su misión como Hijo de Dios. Por otro lado, la humildad de Jesús es algo patente, al acercarse como uno más para ser bautizado por su primo Juan. ¡Qué enseñanza tan sublime nos deja con esta actitud! Hasta Juan se sorprende de que Jesús le pida el bautismo.

Ante el pecado humano, Cristo viene para hacer la voluntad de Dios; esta escena se repite en varios pasajes de la Escritura. Frente a ese mundo de gente que se proclama cristiana, católica y romana, pero que no quiere saber nada de la Iglesia, aquí tenemos a Cristo dando muestra clara de la sumisión a las autoridades religiosas que actuaban conforme al plan de Dios. En nuestros días nos encontramos con infinidad de personas que según ellas son verdaderos católicos, pero que se las arreglan directamente con Dios. Cada quien busca una religión a su medida y gusto, sin estar sujeto a nada ni tener compromisos con nadie. La Iglesia y los curas son un verdadero estorbo para ellos, como lo sería el mismo Reino de Dios.

Por eso, la obediencia a Cristo y la Iglesia seguirá siendo una obligación para cada cristiano en el mundo. La salvación se llevará a cabo con la mediación humana y aunque los ministros de la Iglesia católica no sean un puñado de virtudes, el ministerio que han recibido de lo alto no es por su buena conducta o porque seamos perfectos, sino porque Dios es bondadoso y misericordioso. ■

VIVIENDO NUESTRA FE

Hoy el problema más serio es que cada persona quiere tener una religión a la medida de sus gustos y antojos. Ya no se trata de seguir a Cristo y descubrir su camino para seguirlo, sino de que Cristo venga y se preste para hacer nuestra voluntad. Para unos la Iglesia se ha quedado demasiado atrás de nuestros tiempos y, por eso, inventan una progresista que responda a las necesidades actuales; otros, por el contrario, sienten que la Iglesia se ha ido demasiado adelante e intentan tomar una línea sumamente conservadora, sosteniendo que como el pasado no hay nada igual. Aprendamos de Jesús que, siendo Dios mismo y sin tener ninguna necesidad, asume y libera la tradición de su mismo pueblo, a la que lo habían sometido los poderes religiosos de su tiempo.

PREGUNTAS PARA REFLEXIONAR

1. Si Juan mismo afirma que bautiza con agua, pero que detrás de él viene otro más poderoso que bautizará con el Espíritu Santo, ¿Cómo es que Cristo se bautiza con Juan?

2. ¿Cuál es la actitud de Cristo ante las autoridades religiosas de su tiempo?

3. ¿Qué piensas de las personas que se dicen católicas, pero que no quieren saber nada de la Iglesia ni de su comunidad?

LECTURAS SEMANALES: Isaías 42:1–4, 6–7; 1 Samuel 1:9–20; 3:1–10, 19, 20; 4:1–11; 8:4–7,10–22a; 9:1–4, 17–19; 10:1a.

INVIERNO DEL TIEMPO ORDINARIO

Salmo 147

12 – 20

¡Glorifica al Señor, Jerusalén,
y a Dios ríndele honores, oh Sión!

Él afirma las trancas de tus puertas,
y bendice a tus hijos en tu casa.
Él mantiene la paz en tus fronteras,
te da del mejor trigo en abundancia.

Él envía a la tierra su mensaje:
y su palabra corre velozmente.

Él nos manda la nieve como lana
y derrama la escarcha cual ceniza.

Como migajas de pan lanza el granizo,
se congelan las aguas con su frío.
Envía su palabra y se derriten,
sopla su viento y se echan a correr.

A Jacob le mostró su pensamiento,
sus mandatos y juicios a Israel.
No ha hecho cosa igual con ningún pueblo,
ni les ha confiado a otros sus proyectos.

PRIMERA LECTURA

Isaías 49:3, 5-6

El Señor me dijo: "Tú eres mi siervo, Israel; en ti manifestaré mi gloria".

Ahora habla el Señor, el que me formó desde el seno materno, para que fuera su servidor, para hacer que Jacob volviera a él y congregar a Israel en torno suyo-tanto así me honró el Señor y mi Dios fue mi fuerza. Ahora, pues, dice el Señor: "Es poco que seas mi siervo sólo para restablecer a las tribus de Jacob y reunir a los sobrevivientes de Israel; te voy a convertir en luz de las naciones, para que mi salvación llegue hasta los últimos rincones de la tierra".

SEGUNDA LECTURA

1 Corintios 1:1-3

Yo, Pablo, apóstol de Jesucristo por voluntad de Dios, y Sóstenes, mi colaborador, saludamos a la comunidad cristiana que está en Corinto. A todos ustedes, a quienes Dios santificó en Cristo Jesús y que son su pueblo santo, así como a todos aquellos que en cualquier lugar invocan el nombre de Cristo Jesús, Señor nuestro y Señor de ellos, les deseo la gracia y la paz de parte de Dios, nuestro Padre, y de Cristo Jesús, el Señor.

EVANGELIO

Juan 1:29-34

En aquel tiempo, vio Juan el Bautista a Jesús, que venía hacia él, y exclamó: "Éste es el Cordero de Dios, el que quita el pecado del mundo. Éste es aquel de quien yo he dicho: 'El que viene después de mí, tiene precedencia sobre mí, porque ya existía antes que yo'. Yo no lo conocía, pero he venido a bautizar con agua, para que él sea dado a conocer a Israel".

Entonces Juan dio este testimonio: "Vi al Espíritu descender del cielo en forma de paloma y posarse sobre él. Yo no lo conocía, pero el que me envió a bautizar con agua me dijo: 'Aquel sobre quien veas que baja y se posa el Espíritu Santo, ése es el que ha de bautizar con el Espíritu Santo'. Pues bien, yo lo vi y doy testimonio de que éste es el Hijo de Dios".

JUAN BAUTISTA, el último de los profetas, cuya misión fue preparar los caminos para la venida del redentor, nos presenta a Cristo como el Cordero de Dios que quita el pecado del mundo.

Israel pasó miles de años ofreciendo sacrificios de corderos para alcanzar el perdón de sus pecados, pero todos estos corderos no eran más que figuras del verdadero Cordero que enviaría Dios para la remisión de los pecados.

Los sacrificios de los judíos se hacían con diversos motivos. En el holocausto, se reconocía a Dios como el dueño y señor absoluto de la vida; debido a este motivo, la víctima se entregaba por completo a Dios y se dejaba hasta que se consumía en las brazas. En la mentalidad judía, no importaba que en el sacrificio no se consumiera totalmente el animal, sino el espíritu de la persona que lo ofrecía. De ahí que para ellos el sacrificio de Abraham es el sacrificio perfecto.

El sacrificio de propiciación se ofrecía con la finalidad de ganarse el favor de Dios y conseguir lo que le pedían. En el sacrificio de comunión, la víctima era dividida en dos partes: una se quemaba en honor de Dios y la otra parte la comían quienes ofrecían el sacrificio, como quien comparte un banquete con la divinidad. En el sacrificio para pedir el perdón de los pecados, el oferente ponía sus manos sobre la cabeza del cordero que sería inmolado, en signo de descargar sus pecados sobre la víctima. El cordero moría para que el pecador pudiera seguir viviendo; la víctima se ofrecía en remisión de los pecados del oferente.

El día en que el pueblo de Israel fue liberado de la esclavitud, el Señor le pidió que cada familia ofreciera un cordero; era la noche de la Pascua, el día del paso del Señor. Esa noche sería memorable: era el paso a la libertad, a la tierra que el Señor les había prometido. Había que comer el cordero de pié porque había que estar listos para un largo viaje. Con la sangre del cordero había que rociar las jambas de las puertas, porque esa noche pasaría el ángel del Señor.

Ese cordero se convirtió en una gran figura de lo que sería el Cristo para el nuevo pueblo de Dios. Así como el cordero pascual sirve de alimento para el viaje hacia la tierra prometida y fue la sangre del cordero la que preservó de la muerte a los primogénitos judíos, así el nuevo Cordero de Dios serviría de alimento para los cristianos en su peregrinar hacia Dios y su sangre nos lavará de todas nuestras culpas. ∎

VIVIENDO NUESTRA FE

La vida es un peregrinar hacia la tierra prometida. Pero para poder tener las fuerzas necesarias y llegar al final de nuestro destino, es indispensable alimentarnos de ese Cordero, que se ha sacrificado por nosotros y que a su vez se ha convertido en alimento para el largo viaje. Sólo quienes se alimentan frecuentemente de él podrán llegar a la meta trazada por él.

Cuando las personas se alejan por mucho tiempo de las cosas de Dios, es lo más normal que no les atraigan las cosas del espíritu.

PREGUNTAS PARA REFLEXIONAR

1. ¿Te gustaría compartir con algún grupo el por qué Cristo es el Cordero de Dios?

2. Juan da testimonio que Cristo es el Hijo de Dios. ¿Tienes alguna experiencia que te ayude a sentir la divinidad de Cristo?

3. ¿Has experimentado en algún momento que Dios te ama porque eres su hijo(a)?

4. ¿Has sentido algún compromiso de llevar a Cristo a los demás?

5. ¿Qué conexión encuentras entre la mesa del altar y la mesa de tu casa?

LECTURAS SEMANALES: 1 Samuel 15:16–23; 16:1–13; 17:32–33, 37, 40–51; 18:6–9; 19:1–7; Hechos 22:3–16; 2 Timoteo 1:1–8.

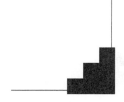

27 DE ENERO DEL 2002

PRIMERA LECTURA

Isaías 8:23-9, 3

En otro tiempo el Señor humilló al país de Zabulón y al país de Neftalí; pero en el futuro llenará de gloria el camino del mar, más allá del Jordán, en la región de los paganos.

El pueblo que caminaba en tinieblas vio una gran luz. Sobre los que vivían en tierra de sombras, una luz resplandeció.

Engrandeciste a tu pueblo e hiciste grande su alegría. Se gozan en tu presencia como gozan al cosechar, como se alegran al repartirse el botín.

Porque tú quebrantaste su pesado yugo, la barra que oprimía sus hombros y el cetro de su tirano, como en el día de Madián.

SEGUNDA LECTURA

1 Corintios 1:10-13, 17

Hermanos: Los exhorto, en nombre de nuestro Señor Jesucristo, a que todos vivan en concordia y no haya divisiones entre ustedes, a que estén perfectamente unidos en un mismo sentir y en un mismo pensar.

Me he enterado, hermanos, por algunos servidores de Cloe, de que hay discordia entre ustedes. Les digo esto, porque cada uno de ustedes ha tomado partido, diciendo: "Yo soy de Pablo", "Yo soy de Apolo", "Yo soy de Pedro", "Yo soy de Cristo". ¿Acaso Cristo está dividido? ¿Es que Pablo fue crucificado por ustedes? ¿O han sido bautizados ustedes en nombre de Pablo?

Por lo demás, no me envió Cristo a bautizar, sino a predicar el evangelio, y eso, no con sabiduría de palabras, para no hacer ineficaz la cruz de Cristo.

EVANGELIO

Mateo 4:12-23

Al enterarse Jesús de que Juan había sido arrestado, se retiró a Galilea, y dejando el pueblo de Nazaret, se fue a vivir a Cafarnaúm, junto al lago, en territorio de Zabulón y Neftalí, para que así se cumpliera lo que había anunciado el profeta Isaías:

Tierra de Zabulón y Neftalí, camino del mar, al otro lado del Jordán, Galilea de los paganos. El pueblo que caminaba en tinieblas vio una gran luz. Sobre los que vivían en tierra de sombras una luz resplandeció.

Desde entonces comenzó Jesús a predicar, diciendo: "Conviértanse, porque ya está cerca el Reino de los cielos".

Una vez que Jesús caminaba por la ribera del mar de Galilea, vio a dos hermanos, Simón, llamado después Pedro, y Andrés, los cuales estaban echando las redes al mar, porque eran pescadores. Jesús les dijo: "Síganme y los haré pescadores de hombres". Ellos inmediatamente dejaron las redes y lo siguieron. Pasando más adelante, vio a otros dos hermanos, Santiago y Juan, hijos de Zebedeo, que estaban con su padre en la barca, remendando las redes, y los llamó también. Ellos, dejando enseguida la barca y a su padre, lo siguieron.

Andaba por toda Galilea, enseñando en las sinagogas y proclamando la buena nueva del Reino de Dios y curando a la gente de toda enfermedad y dolencia.

 **LA MISIÓN** de Israel era ser signo de esa luz para todos los pueblos de la tierra, pero había cambiado a tal grado las leyes de Dios que cuando Cristo hizo las aclaraciones necesarias, sólo se encontró con una cerrazón enorme y un rechazo completo, sobre todo por parte de las autoridades religiosas de su tiempo.

No obstante que en los primeros años y siglos la nueva doctrina se difundió como incendio por toda la tierra, es lamentable que en nuestros días, después de dos mil años de estarse predicando esta doctrina, apenas una sexta parte de la humanidad la haya recibido. Para colmo de males, muchos de los problemas más serios dentro de nuestra fe se viven al interior de la misma Iglesia que continúa dividida y llena de confusión en muchos aspectos, donde en ocasiones cada quien busca sus propios intereses.

Lo más doloroso es constatar que a pesar de los pasos tan importantes que se han dado para lograr la unidad de la Iglesia en todo el mundo, aún hay personas que siguen pensando que fuera de la Iglesia Católica no hay salvación. Hay que reconocer que a partir del Concilio Vaticano II, la Iglesia ha buscado mucho la unidad de los cristianos, aunque todavía queda mucho por hacer.

Los humanos, en un afán de libertad, continuamos abriendo nuestros propios caminos y abandonando el camino que Cristo trazó para nosotros: el camino del Reino de Dios, el amor, la justicia, la paz, el perdón y la unidad. Ahora, Cristo nos vuelve a invitar a recorrer su camino para lograr así la unidad total. ¿Cómo podemos ser signo de unidad y reflejo de la catolicidad de la Iglesia a la que pertenecemos? ◼

VIVIENDO NUESTRA FE

Cada persona está llamada a ser esa luz que Cristo vino a traer a la tierra. Los padres de familia deben ser luz para sus hijos con sus palabras, con su ejemplo, con sus consejos. Lo mismo habría que pedir a los maestros en todos los niveles de educación en los que trabajan. Los gobernantes tienen un compromiso demasiado serio para con todos los ciudadanos de sus respectivas naciones porque de ellos dependen muchas cosas. De igual forma, los cardenales, obispos, sacerdotes, diáconos y agentes de pastoral tienen también la encomienda de ser luz para el mundo, de ser testigos auténticos de la luz que Cristo ha traído a la tierra.

PREGUNTAS PARA REFLEXIONAR

1. ¿Cuántos tipos de oscuridad descubres en los ambientes donde vives y trabajas?

2. ¿Qué podrías hacer para dar un poco de luz a las personas con las que compartes la vida?

3. ¿Cómo crees que la Palabra de Dios sigue iluminando a nuestro mundo?

4. ¿Cómo podríamos promover en nuestras comunidades un verdadero sentido ecuménico?

LECTURAS SEMANALES: 2 Samuel 5:1-7, 10; 6:12b-15, 17-19; 7:4-17, 18-19, 24-29; 11:1-4a, 5-10a, 13-17; Malaquías 3:1-4.

3 DE FEBRERO DEL 2002

PRIMERA LECTURA

Sofonías 2:3; 3:12–13

Busquen al Señor, ustedes los humildes de la tierra, los que cumplen los mandamientos de Dios.

Busquen la justicia, busquen la humildad. Quizá puedan así quedar a cubierto el día de la ira del Señor.

"Aquel día, dice el Señor, yo dejaré en medio de ti, pueblo mío, un puñado de gente pobre y humilde.

Este resto de Israel confiará en el nombre del Señor. No cometerá maldades ni dirá mentiras; no se hallará en su boca una lengua embustera. Permanecerán tranquilos y descansarán sin que nadie los moleste".

SEGUNDA LECTURA

1 Corintios 1:26–31

Hermanos: Consideren que entre ustedes, los que han sido llamados por Dios, no hay muchos sabios, ni muchos poderosos, ni muchos nobles, según los criterios humanos. Pues Dios ha elegido a los ignorantes de este mundo, para humillar a los sabios; a los débiles del mundo, para avergonzar a los fuertes; a los insignificantes y despreciados del mundo, es decir, a los que no valen nada, para reducir a la nada a los que valen; de manera que nadie pueda presumir delante de Dios.

En efecto, por obra de Dios, ustedes están injertados en Cristo Jesús, a quien Dios hizo nuestra sabiduría, nuestra justicia, nuestra santificación y nuestra redención. Por lo tanto, como dice la Escritura: El que se gloría, que se gloríe en el Señor.

EVANGELIO

Mateo 5:1–12

En aquel tiempo, cuando Jesús vio a la muchedumbre, subió al monte y se sentó. Entonces se le acercaron sus discípulos. Enseguida comenzó a enseñarles, hablándoles así:

"Dichosos los pobres de espíritu, porque de ellos es el Reino de los cielos. Dichosos los que lloran, porque serán consolados. Dichosos los sufridos, porque heredarán la tierra. Dichosos los que tienen hambre y sed de justicia, porque serán saciados. Dichosos los misericordiosos, porque obtendrán misericordia. Dichosos los limpios de corazón, porque verán a Dios. Dichosos los que trabajan por la paz, porque se les llamará hijos de Dios. Dichosos los perseguidos por causa de la justicia, porque de ellos es el Reino de los cielos. Dichosos serán ustedes cuando los injurien, los persigan y digan cosas falsas de ustedes por causa mía. Alégrense y salten de contento, porque su premio será grande en los cielos".

 **PARA LA** humanidad, la dicha y felicidad radican en cosas completamente distintas a lo que viene pregonando este nuevo profeta. ¿A quién se le ocurre pensar que sean felices los pobres? ¿Acaso la pobreza generada por el abuso de los ricos y poderosos de este mundo puede ser un motivo de alegría? Lo primero que toda persona busca en este mundo es la riqueza, porque le da seguridad, señorío y prestigio y pone ante su mano todo lo que pueda necesitar, pero no ponen en su mano la felicidad ni la verdad.

¿Cómo aceptar que sean felices los que lloran? El llanto por naturaleza es signo de dolor, de amargura, de sufrimiento, de que algo no anda bien en nuestra vida. A no ser aquel llanto que brota espontáneo y surge natural de lo más profundo del ser, cuando recibimos muestras profundas de afecto y estimación, cuando nos volvemos a encontrar después de largo tiempo de estar separados de aquellos seres a los que más amamos en este mundo.

Cristo llega al punto de afirmar que serán dichosos los perseguidos, los injuriados, los difamados. ¿Quién de nosotros se siente feliz cuando sabe que alguien lo persigue para hacerle mal? ¿A quién le agrada que lo ofendan? ¿Quién agradece que lo difamen? Lo normal en esta vida es que todos desearíamos tener el máximo de seguridad y nos esforzamos por llevar una buena relación con toda clase de personas para no tener que temer nada de nadie. Nos agrada que todo mundo tenga un buen concepto de nosotros y que todos hablen bien.

¿Cómo entender o aceptar este nuevo lenguaje? ¿En qué se apoya y por qué lo dice? Al final del Sermón de la Montaña viene la respuesta con toda claridad: "Alégrense y salten de contento porque su premio será grande en los cielos".

La nueva noticia que Cristo nos trae, no es una de felicidad en este mundo, sino de felicidad en el Reino de Dios. Esta cuestión es difícil de aceptar y asimilar dado que por naturaleza queremos tenerlo todo ya desde este mundo; por lo tanto, lo que Cristo ofrece es algo demasiado lejano e inseguro. ¿Valdrá la pena mortificarse por algo que no tenemos la seguridad de alcanzar? Pero Jesucristo habló con autoridad y se cumplirían sus palabras. Aunque el Reino de Dios es algo prometido por Jesús, éste debe vivirse por adelantado. ∎

VIVIENDO NUESTRA FE

Las quejas y lamentos de infinidad de personas se elevan hasta lo más alto de los cielos porque no están contentos con su situación. Frecuentemente reniegan de Dios porque les va mal en los negocios, porque otros que se portan mal están mucho mejor que ellos, por alguna enfermedad de la que no han podido sanar, y todo lo ven como castigo divino cuando sienten su conciencia tranquila y esperarían que Dios se portara mejora con ellos. Quien no entienda apropiadamente las bienaventuranzas sufrirá el doble y sin esperanza alguna.

PREGUNTAS PARA REFLEXIONAR

1. ¿Te has puesto a pensar en las ventajas de la pobreza?

2. ¿Eres de las personas que a toda costa quieren que no les falte nada en esta vida?

3. ¿Siempre que Dios te socorre, te acuerdas de quienes carecen de lo indispensable?

4. ¿A quién culpas cuando te sucede algo malo? ¿Por qué?

LECTURAS SEMANALES: 2 Samuel 15:13-14, 30; 16:5-13a; 18:9-10, 14b, 24-25a, 30—19:3; 24:2, 9-17; 1 Reyes 2:1-4,10-12; Sirácide 47:2-11; 1 Reyes 3:4-13.

PRIMERA LECTURA

Isaías 58:7-10

Esto dice el Señor: "Comparte tu pan con el hambriento, abre tu casa al pobre sin techo, viste al desnudo y no des la espalda a tu propio hermano.

Entonces surgirá tu luz como la aurora y cicatrizarán de prisa tus heridas; te abrirá camino la justicia y la gloria del Señor cerrará tu marcha.

Entonces clamarás al Señor y él te responderá; lo llamarás, y él te dirá: 'Aquí estoy'. Cuando renuncies a oprimir a los demás y destierres de ti el gesto amenazador y la palabra ofensiva; cuando compartas tu pan con el hambriento y sacies la necesidad del humillado, brillará tu luz en las tinieblas y tu oscuridad será como el mediodía".

SEGUNDA LECTURA

1 Corintios 2:1-5

Hermanos: Cuando llegué a la ciudad de ustedes para anunciarles el evangelio, no busqué hacerlo mediante la elocuencia del lenguaje o la sabiduría humana, sino que resolví no hablarles sino de Jesucristo, más aún, de Jesucristo crucificado.

Me presenté ante ustedes débil y temblando de miedo. Cuando les hablé y les prediqué el evangelio, no quise convencerlos con palabras de hombre sabio; al contrario, los convencí por medio del Espíritu y del poder de Dios, a fin de que la fe de ustedes dependiera del poder de Dios y no de la sabiduría de los hombres.

EVANGELIO

Mateo 5:13-16

En aquel tiempo, Jesús dijo a sus discípulos: "Ustedes son la sal de la tierra. Si la sal se vuelve insípida, ¿con qué se le devolverá el sabor? Ya no sirve para nada y se tira a la calle para que la pise la gente.

Ustedes son la luz del mundo. No se puede ocultar una ciudad construida en lo alto de un monte; y cuando se enciende una vela, no se esconde debajo de una olla, sino que se pone sobre un candelero, para que alumbre a todos los de la casa.

Que de igual manera brille la luz de ustedes ante los hombres, para que viendo las buenas obras que ustedes hacen, den gloria a su Padre, que está en los cielos".

CADA AGENTE de pastoral y cada cristiano está llamado a difundir la Palabra de Dios entre las gentes, pero la fuerza de su predicación no debe cimentarse en la sabiduría humana, sino en la fuerza y el poder de Dios. La eficacia de su predicación no está en proporción a su grado de preparación o capacidad intelectual, sino en la medida que sepa comunicar con verdad y mediante su testimonio la Palabra de Dios, siendo él o ella misma, Palabra de Dios encarnada. Los elegidos por Cristo no fueron personas sabias ni con grados universitarios. En su mayoría fueron personas tomadas de entre el pueblo, cuya misión consistía sólo en comunicar a los demás lo que habían visto y oído; los primeros apóstoles fueron personas que realizaban los trabajos más humildes de su tiempo.

San Pablo aclara con toda honestidad que su predicación no se apoya en palabras de un hombre sabio, sino que viene a hablarles de Cristo crucificado, que lo hace temblando de miedo y que la fuerza de su palabra radica en el Espíritu y poder de Dios, y no en la sabiduría humana.

Las obras con las que debemos hacer brillar la luz del Evangelio son: la clemencia, la compasión, la justicia, la honradez, la generosidad y la hospitalidad. Cuando una persona realice cada una de estas cosas, su luz brillará sobre las tinieblas y podrá gloriarse de ser un auténtico seguidor de Cristo.

Todo seguidor de Cristo debe ser sal en la tierra para cuantos lo rodean; debe dar sabor a un mundo que en muchas ocasiones no tiene sabor. Pero no esa sal que en grandes cantidades termina por amargar los alimentos y afectar la salud de las personas. El cristiano debe ser sal que da buen sabor a los alimentos. Que cada persona que nos trate se quede con un buen sabor de boca, de tal forma que desee volver a encontrarse con nosotros porque sabe que siempre encontrará algo bueno al convivir con nosotros. Que nuestra amabilidad, nuestro aprecio y nuestra preocupación por dar la mano en todos los momentos difíciles de la vida de nuestros hermanos los hagan crecer en simpatía por nosotros, y que esto los lleve a descubrir el amor de Dios manifestado en nuestro interés por servirles. ∎

VIVIENDO NUESTRA FE

En en los lugares de trabajo seamos personas responsables y cumplidas, llevando una relación amistosa y cordial tanto con los compañeros de trabajo como con los patrones. Que las personas que tengan empleados a sus órdenes los sepan tratar con respeto y aprecio, reconociéndolos como seres de igual dignidad y obrando con toda justicia a la hora de pagarles sus salarios. Que no seamos los cristianos los primeros en oprimir y maltratar a los trabajadores. Que nuestro comportamiento anime y motive a las personas que están bajo nuestro mando a llevar una vida digna y conforme a la voluntad de Dios.

PREGUNTAS PARA REFLEXIONAR

1. ¿Qué impresión dejan en ti esas personas que son verdadera luz para quienes las observan?

2. ¿Qué has hecho para iluminar el camino de esas personas que andan descarriadas?

3. ¿Qué podrías hacer para ser y esparcir esa sal que el Señor espera de nosotros?

LECTURAS SEMANALES: 1 Reyes 8:1-7, 9-13; 8:22-23, 27-30; Joel 2:12-18; Deuteronomio 30:15-20; Isaías 58:1-9a; 58:9b-14.

CUARESMA

Salmo 51
7 – 11, 14 – 19

Tú ves que malo soy de nacimiento,
pecador desde el seno de mi madre.
Tú quieres rectitud de corazón,
enséñame en secreto lo que es sabio.

Rocíame con agua y seré limpio
lávame y seré blanco cual la nieve.
Haz que sienta otra vez júbilo y gozo
y que bailen los huesos que moliste.
Aparta tu semblante de mis faltas,
borra en mí todo rastro de malicia.

Dame tu salvación que regocija,
manten en mí un alma generosa.
Indicaré el camino a los desviados,
a ti se volverán los descarriados.

De la muerte presérvame, Señor,
y aclamará mi lengua tu justicia.
Señor, abre mis labios
y cantará mi boca tu alabanza.

Un sacrificio no te gustaría,
ni querrás, si te ofrezco, un holocausto.
Un corazón contrito te presento;
no desdeñes un alma destrozada.

13 DE FEBRERO DEL 2002

PRIMERA LECTURA

Joel 2:12-18

Dice el Señor: "Todavía es tiempo. Vuélvanse a mí de todo corazón, con ayunos, con lágrimas y llanto; enluten su corazón y no sus vestidos.

"Vuélvanse al Señor Dios nuestro, porque es compasivo y misericordioso, lento a la cólera, rico en clemencia, y se conmueve ante la desgracia.

"Quizá se arrepienta, se compadezca de nosotros y nos deje una bendición, que haga posibles las ofrendas y libaciones al Señor, nuestro Dios.

"Toquen la trompeta en Sión, promulguen un ayuno, convoquen la asamblea, reúnan al pueblo, santifiquen la reunión, junten a los ancianos, convoquen a los niños, aun a los niños de pecho. Que el recién casado deje su alcoba y tálamo la recién casada.

"Entre el vestíbulo y el altar lloren los sacerdotes, ministros del Señor, diciendo: 'Perdona, Señor, perdona a tu pueblo. No entregues tu heredad a la burla de las naciones. Que no digan los paganos: ¿Dónde está el Dios de Israel?'"

Y el Señor se llenó de celo por su tierra y tuvo piedad de su pueblo.

SEGUNDA LECTURA

2 Corintios 5:20—6:2

Hermanos: Somos embajadores de Cristo, y por nuestro medio, es Dios el que los exhorta a ustedes. En nombre de Cristo pedimos que se reconcilien con Dios. Al que nunca cometió pecado, Dios lo hizo "pecado" por nosotros, para que, unidos a él, recibamos la salvación de Dios y nos volvamos justos y santos.

Como colaboradores que somos de Dios, los exhortamos a no echar su gracia en saco roto. Porque el Señor dice: En el tiempo favorable te escuché y en el día de la salvación te socorrí. Pues bien, ahora es el tiempo favorable; ahora es el día de la salvación.

EVANGELIO

Mateo 6:1-6, 16-18

En aquel tiempo, Jesús dijo a sus discípulos: "Tengan cuidado de no practicar sus obras de piedad delante de los hombres para que los vean. De lo contrario, no tendrán recompensa con su Padre celestial.

"Por lo tanto, cuando des limosna, no lo anuncies con trompeta, como hacen los hipócritas en las sinagogas y por las calles, para que los alaben los hombres. Yo les aseguro que ya recibieron su recompensa. Tú, en cambio, cuando des limosna, que no sepa tu mano izquierda lo que hace la derecha, para que tu limosna quede en secreto; y tu Padre, que ve lo secreto, te recompensará.

"Cuando ustedes hagan oración, no sean como los hipócritas, a quienes les gusta orar de pie en las sinagogas y en las esquinas de las plazas, para que los vea la gente. Yo les aseguro que ya recibieron su recompensa. Tú, en cambio, cuando vayas a orar, entra en tu cuarto, cierra la puerta y ora ante tu Padre, que está allí, en lo secreto; y tu Padre, que ve lo secreto, te recompensará.

"Cuando ustedes ayunen, no pongan cara triste, como esos hipócritas que se descuidan la apariencia de su rostro, para que la gente note que están ayudando. Yo les aseguro que ya recibieron su recompensa. Tú, en cambio, cuando ayunes, perfúmate la cabeza y lávate la cara, para que no sepa la gente que estás ayunando, sino tu Padre, que está en lo secreto; y tu Padre, que ve lo secreto, te recompensará".

ESTAS FRASES de arrepentimiento, conversión, cambio de vida o de dejar atrás nuestra sumisión al pecado parecen tan rutinarias y carentes de motivación que para muchas personas ya no tienen gran significado. Se han acostumbrado a vivir de tal manera, sometidos al dominio de sus vicios y pasiones, que parecería imposible librarse de ellos y emprender una vida nueva en la gracia y amistad con Dios y los demás.

En infinidad de casos, no sólo las víctimas se sienten impotentes de librarse de las garras de sus pasiones, sino que al igual que ellos los familiares terminan por perder la paciencia y los dejan en un total abandono. El problema más serio es que creen que, a la hora que se lo propongan, fácilmente pueden liberarse de ellos, por lo tanto, rechazan toda ayuda afectiva y profesional y en ocasiones actúan con una total indiferencia ante la necesidad de ayuda sobrenatural.

La conversión y un verdadero, cambio de vida no se dan por arte de magia. Se requiere la firme determinación de los afectados de salir de esa prisión en la que han caído; pero eso requiere de un proyecto progresivo: reconocer en primer lugar que con sus propias fuerzas no será posible librarse de esas cadenas. Se requiere, además, el apoyo amoroso y constante de las personas que más influyen en su vida. En muchas ocasiones hay que recurrir a la ayuda profesional o de grupos que ya han pasado por esos problemas y cuyo testimonio de superación sea un incentivo para que otros también lo intenten. Sin embargo, mientras no tomemos conciencia de la necesidad de la ayuda de Dios para salir de esas situaciones, difícil y a veces casi imposible será la tarea de volverlos a la vida de Dios.

El profeta Joel nos recuerda que mientras haya vida, hay esperanza; que la misericordia y bondad de Dios son infinitas; que Dios es nuestro Padre y el primer interesado en nuestra conversión: "Yo no quiero la muerte del pecador, sino que se arrepienta y viva". Si Dios fue capaz de entregar a su propio Hijo por tal de salvarnos, y si Cristo mismo fue capaz de dar su vida por nosotros, ¿Cómo es posible que nos vayamos a perder? Sin embargo, se requiere de fe, de una fe grande en la ayuda y apoyo del Señor; a la vez se requiere también que pongamos de nuestra parte lo necesario para que la ayuda externa pueda ser eficaz. ∎

VIVIENDO NUESTRA FE

¡Qué importante es aprovechar en nuestra vida las oportunidades que el Señor nos ofrece para librarnos de nuestras cadenas! Cada vez que dejamos pasar el tiempo, cuando menos lo esperamos las cadenas de los vicios y pasiones se afianzan con tal fuerza que en ocasiones perdemos la esperanza de salir de ahí.

Aquí es donde se requiere no perder jamás la fe y luchar con toda esperanza, con la plena convicción de que Dios dará su gracia y tocará el corazón de aquellas personas, para darles la luz y la fuerza de voluntad para que puedan poner los medios necesarios y para que se vean libres por fin de sus cadenas. Mientras tanto, más allá de criticar a estas personas destructivamente, ¿Qué podemos hacer por ellas? Quizá esa debería ser nuestra actitud; por lo menos sería más positiva.

PREGUNTAS PARA REFLEXIONAR

1. ¿Qué significan para ti el arrepentimiento y la conversión?

2. ¿Cuándo termina el proceso de conversión de cada persona, pueblo o nación?

3. ¿Cuál es tu actitud ante las personas que sufren por algún vicio?

4. Como comunidad, ¿Qué vicios nos impiden seguir al Señor?

17 DE FEBRERO DEL 2002

Génesis 2:7-9; 3:1-7

Después de haber creado el cielo y la tierra, el Señor Dios tomó polvo del suelo y con él formó al hombre; le sopló en las narices un aliento de vida, y el hombre comenzó a vivir. Después plantó el Señor un jardín al oriente del Edén y allí puso al hombre que había formado. El Señor Dios hizo brotar del suelo toda clase de árboles, de hermoso aspecto y sabrosos frutos, y además, en medio del jardín, el árbol de la vida y el árbol del conocimiento del bien y del mal.

La serpiente, que era el más astuto de los animales del campo que había creado el Señor Dios, dijo a la mujer: "¿Conque Dios les ha prohibido comer de todos los árboles del jardín?"

La mujer respondió: "Podemos comer del fruto de todos los árboles del huerto, pero del árbol que está en el centro del jardín, dijo Dios: 'No comerán de él ni lo tocarán, porque de lo contrario, habrán de morir'".

La serpiente replicó a la mujer: "De ningún modo. No morirán. Bien sabe Dios que el día que coman de los frutos de ese árbol, se les abrirán a ustedes los ojos y serán como Dios, que conoce el bien y el mal".

La mujer vio que el árbol era bueno para comer, agradable a la vista y codiciable, además, para alcanzar la sabiduría. Tomó, pues, de su fruto, comió y le dio a su marido, el cual también comió. Entonces se les abrieron los ojos a los dos y se dieron cuenta de que estaban desnudos. Entrelazaron unas hojas de higuera y se las ciñeron para cubrirse.

Romanos 5:12-19

Mateo 4:1-11

En aquel tiempo, Jesús fue conducido por el Espíritu al desierto, para ser tentado por el demonio. Pasó cuarenta días y cuarenta noches sin comer y, al final, tuvo hambre. Entonces se le acercó el tentador y le dijo: "Si tú eres el Hijo de Dios, manda que estas piedras se conviertan en panes". Jesús le respondió: "Está escrito: No sólo de pan vive el hombre, sino también de toda palabra que sale de la boca de Dios".

Entonces el diablo lo llevó a la ciudad santa, lo puso en la parte más alta del templo y le dijo: "Si eres el Hijo de Dios, échate para abajo, porque está escrito: Mandará a sus ángeles que te cuiden y ellos te tomarán en sus manos, para que no tropiece tu pie en piedra alguna". Jesús le contestó: "También está escrito: No tentarás al Señor, tu Dios".

Luego lo llevó el diablo a un monte muy alto y desde ahí le hizo ver la grandeza de todos los reinos del mundo y le dijo: "Te daré todo esto, si te postras y me adoras". Pero Jesús le replicó: "Retírate, Satanás, porque está escrito: Adorarás al Señor, tu Dios, y a él sólo servirás".

Entonces lo dejó el diablo y se acercaron los ángeles para servirle.

ES ABRAHAM el elegido y a quien se hace esta promesa, pero tiene que dejar lo que más estima un ser humano (tierra y familia) y poner su confianza totalmente en Dios. Debe iniciar un largo camino hacia la conquista de esas promesas, confiando no en su fuerza y capacidad, sino en la fidelidad de Dios.

La Cuaresma es recordar cuarenta años que Israel pasó a través del desierto para poder llegar a la tierra prometida. Es ponernos a pensar en el paso que toda persona debe dar por el desierto de la vida, en medio de toda clase de pruebas, para poder llegar a la tierra prometida.

El desierto es un lugar especial para un encuentro íntimo y personal con el Señor, dejando a un lado todo lo que pueda alejarnos o apartarnos de Dios. En él, Israel sufrió hambre, sed, soledad y el acoso de los enemigos, pero también se encontró con el torrente de agua cristalina que brotó de la roca en pleno desierto y con la mano poderosa de Dios que lo libraba de sus enemigos.

Israel vivió la dolorosa experiencia que toda persona experimenta en este mundo; cuando eran fieles al Señor, todo funcionaba bien, pero cuando querían servir a otros dioses y daban la espalda al Dios verdadero, terminaban en la esclavitud y eran llevados a naciones extranjeras como exiliados.

En la estancia de Jesús en el desierto encontramos enseñanzas que no esperábamos. Para Israel, el desierto fue motivo de queja, protesta y fracaso. Cristo, por el contrario, utiliza el ayuno, la oración y la penitencia para vencer al enemigo. Después de no comer ni beber, sino de alimentarse de la Palabra de Dios, resiste con toda entereza las tentaciones que el maligno le pone de entregarle todo poder para gobernar los países del mundo. Cuando el demonio lo tienta para que convierta las piedras en pan para que coma, su respuesta fue firme y segura.

La seducción de las riquezas es tan fuerte que muchas personas no pueden resistir a ella, y son capaces de pasar por encima de sus mismos padres, hijos, amigos, incluso de los mismos gobiernos por tal de obtenerlas. Sin importarles a cuántos hagan daño ni en qué magnitud. Cuando el demonio ofrece a Cristo todos los oros del mundo, con la condición de que postrado lo adore, su respuesta es clara y tajante: "Al señor tu Dios adorarás y sólo a él darás culto". ∎

VIVIENDO NUESTRA FE

Cada persona debe darse cuenta que está llamada por Dios a la tierra prometida. Pero para lograr esto, hay que atravesar el desierto de nuestra vida, con el hambre y la sed del espíritu, para no caer en las idolatrías, alejándonos de Dios y de la comunidad, para dejarnos dominar por los ídolos de la fama, el placer y el poder que a toda persona intentan seducir.

Para poder salir victoriosos en la larga cuaresma de nuestra vida, sólo debemos utilizar las armas que Cristo nos dejó para vencer al demonio: la oración, el ayuno y la penitencia. Unidos a Dios jamás seremos vencidos.

PREGUNTAS PARA REFLEXIONAR

1. ¿Qué significa para ti la Cuaresma? ¿Qué nos encontramos en el desierto? ¿Cómo vence Cristo al demonio?

2. ¿Qué personajes tuvieron que ir al desierto como preparación a la realización de su ministerio? ¿Qué nos enseña esta actitud?

3. ¿Qué podemos hacer para lograr un encuentro íntimo y personal con Dios?

LECTURAS SEMANALES: Génesis 2:7–9; 3:1–7; Levítico 19:1–2, 11–18; Isaías 55:10–11; Jonás 3:1–10; Ester 14:1, 3–5,12–14; 1 Pedro 5:1–4; Deuteronomio 26:16–19.

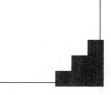

24 DE FEBRERO DEL 2002

PRIMERA LECTURA

Génesis 12:1-4a

En aquellos días, dijo el Señor a Abram: "Deja tu país, a tu parentela y la casa de tu padre, para ir a la tierra que yo te mostraré. Haré nacer de ti un gran pueblo y te bendeciré. Engrandeceré tu nombre y tú mismo serás una bendición. Bendeciré a los que te bendigan, maldeciré a los que te maldigan. En ti serán bendecidos todos los pueblos de la tierra". Abram partió, como se lo había ordenado el Señor.

SEGUNDA LECTURA

Timoteo 1:8b-10

Querido hermano: Comparte conmigo los sufrimientos por la predicación del evangelio, sostenido por la fuerza de Dios. Pues Dios es quien nos ha salvado y nos ha llamado a que le consagremos nuestra vida, no porque lo merecieran nuestras buenas obras, sino porque así lo dispuso él gratuitamente.

Este don, que Dios ya nos ha concedido por medio de Cristo Jesús desde toda la eternidad, ahora se ha manifestado con la venida del mismo Cristo Jesús, nuestro salvador, que destruyó la muerte y ha hecho brillar la luz de la vida y de la inmortalidad, por medio del evangelio.

EVANGELIO

Mateo 17:1-9

En aquel tiempo, Jesús tomó consigo a Pedro, a Santiago y a Juan, el hermano de éste, y los hizo subir a solas con él a un monte elevado. Ahí se transfiguró en su presencia: su rostro se puso resplandeciente como el sol y sus vestiduras se volvieron blancas como la nieve. De pronto aparecieron ante ellos Moisés y Elías, conversando con Jesús.

Entonces Pedro le dijo a Jesús: "Señor, ¡qué bueno sería quedarnos aquí! Si quieres, haremos aquí tres chozas, una para ti, otra para Moisés y otra para Elías".

Cuando aún estaba hablando, una nube luminosa los cubrió y de ella salió una voz que decía: "Este es mi Hijo muy amado, en quien tengo puestas mis complacencias; escúchenlo". Al oír esto, los discípulos cayeron rostro en tierra, llenos de un gran temor. Jesús se acercó a ellos, los tocó y les dijo: "Levántense y no teman". Alzando entonces los ojos, ya no vieron a nadie más que a Jesús.

Mientras bajaban del monte, Jesús les ordenó: "No le cuenten a nadie lo que han visto, hasta que el Hijo del hombre haya resucitado de entre los muertos".

AL INICIAR la Cuaresma, sabemos claramente que nos dirigimos como meta natural a la Pascua, al paso de la muerte a la vida.

De esta manera, la Transfiguración del Señor tiene todo su sentido y trascendencia, pues nos está preparando para ese gran acontecimiento de la Pasión, Muerte y Resurrección que cada uno debemos experimentar en forma personal.

Cristo elige a tres de sus discípulos para compartir con ellos algo muy especial: Pedro, Santiago y Juan, a quienes curiosamente invitará también a que lo *sigan más de cerca la víspera de su Pasión*. En el momento de su agonía, son estos mismos apóstoles a quienes tiene más cerca de sí. Pedro lo niega en tres ocasiones; Juan lo sigue hasta el último instante de su muerte en la cruz y es el único de sus apóstoles que lo acompaña hasta ese momento.

Si volvemos nuestra mirada hacia la Transfiguración del Señor, no nos queda sino pensar que Jesús, sabiendo que esos discípulos pasarían pruebas muy duras en su seguimiento, quiso compartir con ellos un poco de su gloria para que cuando llegaran los momentos duros de la prueba, recordando aquellos instantes en el Tabor tuvieran la fortaleza necesaria para no dejarse vencer por el maligno y así seguir adelante.

Es muy comprensible la actitud de Pedro: en el momento en que Cristo le permite contemplar al menos por un momento su divinidad, de inmediato le dan ganas de quedarse allí y no pedir nada más: "Hagamos tres tiendas". Ellos ya no necesitaban nada; teniendo a Cristo, lo tenían todo.

Sin embargo, la Transfiguración da la impresión de que dura sólo un instante y tienen que volver de inmediato a las preocupaciones de la vida diaria. Al igual que Moisés frente a la tierra prometida, sólo pueden vislumbrar la meta de las promesas, pero les falta mucho por recorrer. Mientras la humanidad permanezca en este mundo, no le queda sino luchar. Nuestra vida no es más que un caminar hacia la muerte. Cada día que vivimos es un día más que nos acercamos a la muerte. La muerte física es el final de nuestro cuerpo. Curiosamente, cuando nacemos comenzamos a morir, pero al morir iniciamos una vida que jamás terminará.

La Transfiguración de Cristo da a sus apóstoles y a la Iglesia la luz y fortaleza necesaria para no apartarnos del plan de Dios. ∎

VIVIENDO NUESTRA FE

Cada persona necesita al menos una vez en la vida una experiencia cercana y profunda de Cristo divinizado al igual que estos tres apóstoles que, al contemplar la divinidad de Cristo, tuvieron la fortaleza para seguirlo hasta el último instante de su vida y sufrir incluso el martirio. Pedro pide tres chozas, pero las pide para Cristo, Moisés y Elías; él ya no necesita nada: contemplando a Cristo transfigurado, se da cuenta de que lo tiene todo. De alguna manera, podemos comprender con esta comparación que basta asomarse un poco al cielo para captar que ya lo tenemos todo. Pero además, esa pequeña probada de cielo que le tocó a Pedro fue suficiente para que, a pesar de sus dudas y negaciones, pudiera al fin tener un arrepentimiento tal que el mismo Cristo fue capaz de confiarle el cuidado de su Iglesia.

PREGUNTAS PARA REFLEXIONAR

1. ¿Con quiénes comparte Cristo más de cerca su gloria?
2. ¿Por qué aparecen Moisés y Elías platicando con Cristo?
3. ¿Por qué Pedro no piensa en una choza para él?
4. ¿Será posible quedarse en el Tabor como Pedro lo deseaba?
5. ¿Cuál sería la función del Tabor en nuestra propia vida?

LECTURAS SEMANALES: Daniel 9:4b–10; Isaías 1:10, 16–20; Jeremías 18:18–20; 17:5–10; Génesis 37:3–4, 12–13a, 17b–28; Miqueas 7:14–15, 18–20.

3 DE MARZO DEL 2002

Éxodo 17:3-7

En aquellos días, el pueblo, torturado por la sed, fue a protestar contra Moisés, diciéndole: "¿Nos has hecho salir de Egipto para hacernos morir de sed a nosotros, a nuestros hijos y a nuestro ganado?" Moisés clamó al Señor y le dijo: "¿Qué puedo hacer con este pueblo? Sólo falta que me apedreen". Respondió el Señor a Moisés: "Preséntate al pueblo, llevando contigo a algunos de los ancianos de Israel, toma en tu mano el cayado con que golpeaste el Nilo y vete. Yo estaré ante ti, sobre la peña, en Horeb. Golpea la peña y saldrá de ella agua para que beba el pueblo".

Así lo hizo Moisés a la vista de los ancianos de Israel y puso por nombre a aquel lugar Masá y Meribá, por la rebelión de los hijos de Israel y porque habían tentado al Señor, diciendo: "¿Está o no está el Señor en medio de nosotros?"

Romanos 5:1-2, 5-8

Juan 4:5-42

En aquel tiempo, llegó Jesús a un pueblo de Samaria, llamado Sicar, cerca del campo que dio Jacob a su hijo José. Ahí estaba el pozo de Jacob. Jesús, que venía cansado del camino, se sentó sin más en el brocal del pozo. Era cerca del mediodía.

Entonces llegó una mujer de Samaria a sacar agua y Jesús le dijo: "Dame de beber". (Sus discípulos habían ido al pueblo a comprar comida). La samaritana le contestó: "¿Cómo es que tú, siendo judío, me pides de beber a mí, que soy samaritana?" (Porque los judíos no tratan a los samaritanos). Jesús le dijo: "Si conocieras el don de Dios y quién es el que te pide de beber, tú le pedirías a él, y él te daría agua viva".

La mujer le respondió: "Señor, ni siquiera tienes con qué sacar agua y el pozo es profundo, ¿cómo vas a darme agua viva? ¿Acaso eres tú más que nuestro padre Jacob, que nos dio este pozo, del que bebieron él, sus hijos y sus ganados?" Jesús le contestó: "El que bebe de esta agua vuelve a tener sed. Pero el que beba del agua que yo le daré, nunca más tendrá sed; el agua que yo le daré se convertirá dentro de él en un manantial capaz de dar la vida eterna".

La mujer le dijo: "Señor, dame de esa agua para que no vuelva a tener sed ni tenga que venir hasta aquí a sacarla". Él le dijo: "Ve a llamar a tu marido y vuelve". La mujer le contestó: "No tengo marido". Jesús le dijo: "Tienes razón en decir: 'No tengo marido'. Has tenido cinco, y el de ahora no es tu marido. En eso has dicho la verdad".

La mujer le dijo: "Señor, ya veo que eres profeta. Nuestros padres dieron culto en este monte y ustedes dicen que el sitio donde se debe dar culto está en Jerusalén". Jesús le dijo: "Créeme, mujer, que se acerca la hora en que ni en este monte ni en Jerusalén adorarán al Padre. Ustedes adoran lo que no conocen; nosotros adoramos lo que conocemos. Porque la salvación viene de los judíos. Pero se acerca la hora, y ya está aquí, en que los que quieran dar culto verdadero adorarán al Padre en espíritu y en verdad, porque así es como el Padre quiere que se le dé culto. Dios es espíritu, y los que lo adoran deben hacerlo en espíritu y en verdad".

La mujer le dijo: "Ya sé que va a venir el Mesías (es decir, Cristo). Cuando venga, él nos dará razón de todo". Jesús le dijo: "Soy yo, el que habla contigo".

[Version completa: Juan 4:5–42]

EN EL EVANGELIO de hoy descubrimos la manera tan sutil en que Jesús, apareciendo como necesitado, termina dando lo que parecía pedir, pero de lo natural pasa a lo sobrenatural. Jesús pide ayuda para satisfacer su sed física, pero termina satisfaciendo y haciendo consciente a la samaritana de la necesidad espiritual.

En lugar de acompañar a sus discípulos, Jesús permanece en el pozo de Jacob. Aparentemente está descansando, pero la verdad es que él tiene otro trabajo y otro alimento. Se ha quedado solo y se acerca al pozo una mujer que por cierto es samaritana.

En cuanto la mujer se acerca al pozo, Jesús con toda naturalidad le pide de beber. La mujer se extraña de que un judío se humille de esa manera, pidiendo de beber a una samaritana, pero Jesús no desperdicia la oportunidad para llevarla de la solución de sus necesidades materiales a tomar conciencia de sus necesidades sobrenaturales, aunque la persona hambrienta de las cosas materiales no es capaz de entender a Dios y aun le reprocha el que no dé respuesta a sus problemas materiales.

La mujer no conoce a Cristo y por eso lo reta: "¿Acaso crees ser mayor que nuestro padre Jacob que nos dio este pozo?". Jesús de inmediato responde: quien beba de esa agua, no volverá a tener sed.

La mujer no ha sido capaz de levantar su mirada del suelo. Sigue pensando en el agua natural y ahora sí le interesa la oferta de Cristo; cree que ha encontrado una solución milagrosa para resolver una necesidad material. Ahora está feliz porque no tendrá que volver por agua, pero no ha entendido la oferta de Cristo. Él habla de la gracia divina, de tal manera que el que la consigue no volverá a tener sed.

Cuando la mujer se da cuenta de que Jesús es profeta, la conversación cambia de rumbo. Se termina la plática sobre las cosas materiales y da comienzo una conversación sobre las cosas sobrenaturales.

Cristo, siendo Dios y hombre a la vez, no utiliza sus poderes divinos para resolver sus necesidades humanas; antes bien resuelve las necesidades humanas de sus hermanos para llevarlos a tomar conciencia de sus necesidades sobrenaturales, invitándolos a dejar atrás su vida pasada. ■

VIVIENDO NUESTRA FE

La samaritana se siente orgullosa de sí cuando ve que un judío se humilla ante ella para pedirle de beber, pero no imagina lo que implicará esa petición. Muchas veces Dios nuestro Señor se nos presenta con el rostro de limosnero, pidiéndonos una ayuda y es muy fácil que lo ignoremos e incluso que lo rechacemos. Hay que tener los ojos muy abiertos para saberlo reconocer en cada uno de nuestros hermanos necesitados, porque por un vaso de agua fresca que regalemos a un sediento, Él nos puede dar el agua sobrenatural de la vida eterna. De una forma casi imperceptible, para que no nos sintamos mal, a veces nos pide algo insignificante, pero lo hace como un pretexto para darnos lo que más nos hace falta.

PREGUNTAS PARA REFLEXIONAR

1. ¿Cuál era el hambre y la sed de Cristo en el pozo de Jacob?
2. ¿Qué era lo que más le interesaba a la samaritana?
3. ¿Por qué los discípulos se sorprenden cuando Cristo dice que tiene otro alimento?
4. ¿Qué era lo que buscaba Cristo en la conversación con la samaritana?
5. ¿Cuál debería ser nuestro interés en la conversación con las personas?

LECTURAS SEMANALES: 2 Reyes 5:1-15a; Daniel 3:25, 34-43; Deuteronomio 4:1, 5-9; Jeremías 7:23-28; Oseas 14:2-10; 6:1-6.

PRIMERA LECTURA

1 Samuel 16:1b, 6-7, 10-13a

En aquellos días, dijo el Señor a Samuel: "Ve a la casa de Jesé, en Belén, porque de entre sus hijos me he escogido un rey. Llena, pues, tu cuerno de aceite para ungirlo y vete".

Cuando llegó Samuel a Belén y vio a Eliab, el hijo mayor de Jesé, pensó: "Este es, sin duda, el que voy a ungir como rey". Pero el Señor le dijo: "No te dejes impresionar por su aspecto ni por su gran estatura, pues yo lo he descartado, porque yo no juzgo como juzga el hombre. El hombre se fija en las apariencias, pero el Señor se fija en los corazones".

Así fueron pasando ante Samuel siete de los hijos de Jesé; pero Samuel dijo: "Ninguno de éstos es el elegido del Señor". Luego le preguntó a Jesé: "¿Son éstos todos tus hijos?" Él respondió: "Falta el más pequeño, que está cuidando el rebaño". Samuel le dijo: "Hazlo venir, porque no nos sentaremos a comer hasta que llegue". Y Jesé lo mandó llamar.

El muchacho era rubio, de ojos vivos y buena presencia. Entonces el Señor dijo a Samuel: "Levántate y úngelo, porque éste es". Tomó Samuel el cuerno con el aceite y lo ungió delante de sus hermanos.

SEGUNDA LECTURA

Efesios 5:8-14

EVANGELIO

Juan 9:1-41

En aquel tiempo, Jesús vio al pasar a un ciego de nacimiento, y sus discípulos le preguntaron: "Maestro, ¿quién pecó para que éste naciera ciego, él o sus padres?" Jesús respondió: "Ni él pecó, ni tampoco sus padres. Nació así para que en él se manifestaran las obras de Dios. Es necesario que yo haga las obras del que me envió, mientras es de día, porque luego llega la noche y ya nadie puede trabajar. Mientras esté en el mundo, yo soy la luz del mundo".

Dicho esto, escupió en el suelo, hizo lodo con la saliva, se lo puso en los ojos al ciego y le dijo: "Ve a lavarte en la piscina de Siloé" (que significa 'Enviado'). Él fue, se lavó y volvió con vista.

Entonces los vecinos y los que lo habían visto antes pidiendo limosna, preguntaban: "¿No es éste el que se sentaba a pedir limosna?" Unos decían: "Es el mismo". Otros: "No es él, sino que se le parece". Pero él decía: "Yo soy". Y le preguntaban: "Entonces, ¿cómo se te abrieron los ojos?" Él les respondió: "El hombre que se llama Jesús hizo lodo, me lo puso en los ojos y me dijo: 'Ve a Siloé y lávate'. Entonces fui, me lavé y comencé a ver". Le preguntaron: "¿En dónde está él?" Les contestó: "No lo sé".

Llevaron entonces ante los fariseos al que había sido ciego. Era sábado el día en que Jesús hizo lodo y le abrió los ojos. También los fariseos le preguntaron cómo había adquirido la vista. Él les contestó: "Me puso lodo en los ojos, me lavé y veo". Algunos de los fariseos comentaban: "Ese hombre no viene de Dios, porque no guarda el sábado". Otros replicaban: "¿Cómo puede un pecador hacer semejantes prodigios?" Y había división entre ellos. Entonces volvieron a preguntarle al ciego: "Y tú, ¿qué piensas del que te abrió los ojos?" Él les contestó: "Que es un profeta".

Pero los judíos no creyeron que aquel hombre, que había sido ciego, hubiera recobrado la vista. Llamaron, pues, a sus padres y les preguntaron: "¿Es éste su hijo, del que ustedes dicen que nació ciego? ¿Cómo es que ahora ve?" Sus padres contestaron: "Sabemos que éste es nuestro hijo y que nació ciego. Cómo es que ahora ve o quién le haya dado la vista, no lo sabemos. Pregúntenselo a él; ya tiene edad suficiente y responderá por sí mismo".

[Version Completa: Juan 9:1–41]

 **AUNQUE EN** las antiguas Cuaresmas se sembraba mucho el miedo, ahora son parte del pasado. Sin embargo, el ayuno y la mortificación no son parte del pasado; siguen siendo los elementos propios del tiempo litúrgico, especialmente en el Triduo Pascual. Aun así, la Iglesia insiste en mantener el espíritu verdadero de la Cuaresma, aunque el ambiente comercial en el que nos desenvolvemos envuelve tanto la vida que en ocasiones resulta difícil darnos cuenta de que es Cuaresma.

En el evangelio de hoy, se ponen en evidencia una serie de cosas interesantes y contrapuestas entre la nueva doctrina de Cristo y la tradicional de los judíos. Los escribas y fariseos no soportan que Jesús siga curando en sábado y presionan al pueblo a que lo condene por estos hechos. El pueblo mismo está confundido. Por un lado, ven la evidencia de las obras de Cristo: "Un pecador no puede hacer semejantes obras". Sin embargo, por temor a las represalias de las autoridades religiosas de su tiempo, los mismos padres del ciego no se animan a expresar con claridad su manera de pensar. Terminan asegurando que éste es su hijo, que antes era ciego y que ahora ve, pero tienen miedo testificar cómo es que esto ha sucedido.

Las respuestas del ciego son las que llena por completo de admiración. Se supone que es el ignorante, el que no sabe nada; sin embargo, les da lecciones a los mismos maestros.

Cristo desaparece de la escena y no se hace presente hasta que el ciego se ha convertido en su más grande defensor frente a los dueños de la autoridad de su tiempo. De manera sutil y discreta, se acerca al que había sido ciego para no solo dejarlo con la luz de los ojos del cuerpo, sino para abrirle también los ojos del alma. ¿Crees en el Hijo de Hombre? "Creo Señor". Y, postrándose, lo adoró.

Hace falta analizar nuestros comportamientos a la luz de este Evangelio, y tener el valor y la humildad para reconocer nuestros errores y saber valorar y apreciar los aciertos de los demás, aun cuando nos parezca que son menores que nosotros en edad y conocimientos. ∎

VIVIENDO NUESTRA FE

Es normal que una persona que ostenta cualquier tipo de autoridad, cuando es capaz de reconocer que también puede equivocarse y lo hace con toda humildad, en lugar de perder su autoridad sus súbditos le tengan más aprecio y lo respeten y obedezcan con mayor facilidad. Se dan cuenta de que cuando les pide algo no es sólo por capricho o por abuso de autoridad, sino porque descubren que lo hace para mantener el orden y el buen funcionamiento en bien de la comunidad.

Nunca nos sintamos seguros de poseer la verdad; es indispensable saber escuchar con madurez y prudencia todos los puntos de vista, sin despreciar aquellos que a los ojos de los demás no valdría la pena tomar en cuenta.

PREGUNTAS PARA REFLEXIONAR

1. ¿Qué podemos aprender del ciego de nacimiento?

2. ¿Qué te parece la postura de los padres del ciego de nacimiento y la de los fariseos?

3. ¿Qué te parece la actitud de Cristo ante el ciego y ante los fariseos?

LECTURAS SEMANALES: Isaías 65:17–21; Ezequiel 47:1–9, 12; Isaías 49:8–15; Éxodo 32:7–14; Sabiduría 2:1a, 12–22; Jeremías 11:18–20.

17 DE MARZO DEL 2002

PRIMERA LECTURA

Ezequiel 37:12–14

Esto dice el Señor Dios: "Pueblo mío, yo mismo abriré sus sepulcros, los haré salir de ellos y los conduciré de nuevo a la tierra de Israel. Cuando abra sus sepulcros y los saque de ellos, pueblo mío, ustedes dirán que yo soy el Señor. Entonces les infundiré a ustedes mi espíritu y vivirán, los estableceré en su tierra y ustedes sabrán que yo, el Señor, lo dije y lo cumplí".

SEGUNDA LECTURA

Romanos 8:8–11

EVANGELIO

Juan 11:1–45

En aquel tiempo, se encontraba enfermo Lázaro, en Betania, el pueblo de María y de su hermana Marta. María era la que una vez ungió al Señor con perfume y le enjugó los pies con su cabellera. El enfermo era su hermano Lázaro. Por eso las dos hermanas le mandaron decir a Jesús: "Señor, el amigo a quien tanto quieres está enfermo".

Al oír esto, Jesús dijo: "Esta enfermedad no acabará en la muerte, sino que servirá para la gloria de Dios, para que el Hijo de Dios sea glorificado por ella".

Jesús amaba a Marta, a su hermana y a Lázaro. Sin embargo, cuando se enteró de que Lázaro estaba enfermo, se detuvo dos días más en el lugar en que se hallaba. Después dijo a sus discípulos: "Vayamos otra vez a Judea". Los discípulos le dijeron: "Maestro, hace poco que los judíos querían apedrearte, ¿y tú vas a volver allá?" Jesús les contestó: "¿Acaso no tiene doce horas el día? El que camina de día no tropieza, porque ve la luz de este mundo; en cambio, el que camina de noche tropieza, porque le falta la luz".

Dijo esto y luego añadió: "Lázaro, nuestro amigo, se ha dormido; pero yo voy ahora a despertarlo". Entonces le dijeron sus discípulos: "Señor, si duerme, es que va a sanar". Jesús hablaba de la muerte, pero ellos creyeron que hablaba del sueño natural. Entonces Jesús les dijo abiertamente: "Lázaro ha muerto, y me alegro por ustedes de no haber estado ahí, para que crean. Ahora, vamos allá". Entonces Tomás, por sobrenombre el Gemelo, dijo a los demás discípulos: "Vayamos también nosotros, para morir con él".

Cuando llegó Jesús, Lázaro llevaba ya cuatro días en el sepulcro. Betania quedaba cerca de Jerusalén, como a unos dos kilómetros y medio, y muchos judíos habían ido a ver a Marta y a María para consolarlas por la muerte de su hermano. Apenas oyó Marta que Jesús llegaba, salió a su encuentro; pero María se quedó en casa. Le dijo Marta a Jesús: "Señor, si hubieras estado aquí, no habría muerto mi hermano. Pero aún ahora estoy segura de que Dios te concederá cuanto le pidas". Jesús le dijo: "Tu hermano resucitará". Marta respondió: "Ya sé que resucitará en la resurrección del último día". Jesús le dijo: "Yo soy la resurrección y la vida. El que cree en mí, aunque haya muerto, vivirá; y todo aquel que está vivo y cree en mí, no morirá para siempre. ¿Crees tú esto?" Ella le contestó: "Sí, Señor. Creo firmemente que tú eres el Mesías, el Hijo de Dios, el que tenía que venir al mundo".

[Version completa: Juan 11:1–45].

MARTES 19 DE MARZO DEL 2002
San José, esposo de la Virgen María

2 Samuel 7:4–5, 12–14, 16
Dios le dará el trono de David su padre.

Romanos 4:13, 16–18, 22
Esperando contra toda esperanza,
(Abraham) creyó.

Mateo 1:16, 18–21, 24
José hizo lo que el ángel del Señor
le había ordenado.

LA RESURRECCIÓN de Lázaro, que la liturgia nos presenta al final de la Cuaresma, nos dispone de manera admirable a celebrar el acto céntrico y fundamental de nuestra fe: la resurrección de Cristo.

Marta y María habían mantenido una relación bastante estrecha de amistad con Jesús. Conscientes de la inmensa cantidad de obras prodigiosas de Cristo al curar a tantos enfermos, cuando vieron que su hermano estaba grave, no creyeron necesario hacer más comentarios en su recado a Jesús sino mandarle decir: "El amigo a quien tanto quieres está enfermo". La gran confianza y aprecio que las unía a Jesús les daba la plena seguridad de que inmediatamente se vendría y lo curaría. La sorpresa fue grande cuando vieron morir a su hermano, y ver que Cristo no llegó, al contrario se tardó.

Cristo, por su parte, maneja los tiempos de forma distinta a lo que piensan los seres humanos. Él no piensa sólo en el beneficio personal o familiar que pueda significar alguno de sus milagros. Aprovecha siempre la oportunidad para dejar lecciones para toda la humanidad.

Pero todo responde al plan de Dios. Jesús les hace saber que cuando se camina de día no hay peligro de tropezar. Les dice, además, que su amigo duerme pero que él lo despertará. Aun así, los apóstoles no entienden, de tal forma que Jesús se ve en la necesidad de comunicarles directamente que Lázaro había muerto, aunque su muerte serviría para que muchos creyeran en Jesús. La experiencia humana, y la fe de Marta y María, no se apartan de Jesús pues de hecho ellas creen en la resurrección, sin saber ellas mismas que Jesús resucitará a Lázaro y que a Jesús Dios lo resucitaría de entre los muertos.

Para que Cristo resucitará a Lázaro hacía falta que ya tuviera cuatro días de sepultado, para que no quedara lugar a dudas o malas interpretaciones. Además, para que no se tome a Cristo como un simple mago, le dice a Marta que él tiene poder para resucitar a los muertos, pero que es necesario que crea en él. Marta le responde: "Creo que tú eres el Mesías, el Hijo de Dios", y nuevamente, como en el pasaje de la samaritana, es una mujer la que hace la declaración que muchos se negaban a creer: tú eres el Mesías de Dios. ■

VIVIENDO NUESTRA FE

Entre más se esfuerza una persona por hacer el bien a los demás, es frecuente que la vida se le torne más complicada y que surjan críticas de toda índole. Si las personas no tienen una fe firme y bien cimentada, si no tienen claro el por qué de lo que están haciendo, si no actúan en definitiva por agradar a Dios con sus obras, se pueden llevar la sorpresa que hasta los mismos sacerdotes les hagan la vida imposible, dificultándoles su labor. Cristo pasó por este mundo haciendo el bien a los demás, pero entre más lo hacía, más crecía el número de sus enemigos y la prisa por acabar con él.

PREGUNTAS PARA REFLEXIONAR

1. ¿A qué grado llega tu fe en que Cristo puede resolver tus problemas y dificultades?

2. ¿A quién acudes cuando tienes problemas?

3. ¿Cómo te has sentido cuando te esfuerzas más por hacer las cosas bien?

4. ¿Qué podemos aprender de la fe de Marta y María en su relación con Cristo?

5. ¿Por qué crees que la gente sencilla tiene menos problemas para creer en Dios?

LECTURAS SEMANALES: Ezequiel 37: 12-14; Daniel 13:1-9, 15-17, 19-30, 33-62; 2 Samuel 7:4-5a, 12-14a, 16; Daniel 3:14-20, 91-92, 95; Génesis 17:3-9; Jeremías 20:10-13; Ezequiel 37:21-28.

EVANGELIO

Mateo 21:1-11

Cuando se aproximaban ya a Jerusalén, al llegar a Betfagé, junto al monte de los Olivos, envió Jesús a dos de sus discípulos, diciéndoles: "Vayan al pueblo que ven allí enfrente; al entrar, encontrarán amarrada una burra y un burrito con ella; desátenlos y tráiganmelos. Si alguien les pregunta algo, díganle que el Señor los necesita y enseguida los devolverá".

Esto sucedió para que se cumplieran las palabras del profeta: Díganle a la hija de Sión: He aquí que tu rey viene a ti, apacible y montado en un burro, en un burrito, hijo de animal de yugo. Fueron, pues, los discípulos e hicieron lo que Jesús les había encargado y trajeron consigo la burra y el burrito. Luego pusieron sobre ellos sus mantos y Jesús se sentó encima. La gente, muy numerosa, extendía sus mantos por el camino; algunos cortaban ramas de los árboles y las tendían a su paso. Los que iban delante de él y los que lo seguían gritaban: "¡Hosanna! ¡Viva el Hijo de David! ¡Bendito el que viene en nombre del Señor! ¡Hosanna en el cielo!"

Al entrar Jesús en Jerusalén, toda la ciudad se conmovió. Unos decían: "¿Quién es éste?" Y la gente respondía: "Este es el profeta Jesús, de Nazaret de Galilea".

PRIMERA LECTURA

Isaías 50:4-7

En aquel entonces, dijo Isaías: "El Señor me ha dado una lengua experta, para que pueda confortar al abatido con palabras de aliento. Mañana tras mañana, el Señor despierta mi oído, para que escuche yo, como discípulo. El Señor Dios me ha hecho oír sus palabras y yo no he opuesto resistencia ni me he echado para atrás. Ofrecí la espalda a los que me golpeaban, la mejilla a los que me tiraban de la barba. No aparté mi rostro de los insultos y salivazos. Pero el Señor me ayuda, por eso no quedaré confundido, por eso endureció mi rostro como roca y sé que no quedaré avergonzado".

SEGUNDA LECTURA

Filipenses 2:6-11

Cristo, siendo Dios, no consideró que debía aferrarse a las prerrogativas de su condición divina, sino que, por el contrario, se anonadó a sí mismo, tomando la condición de siervo, y se hizo semejante a los hombres. Así, hecho uno de ellos, se humilló a sí mismo y por obediencia aceptó incluso la muerte, y una muerte de cruz. Por eso Dios lo exaltó sobre todas las cosas y le otorgó el nombre que está sobre todo nombre, para que, al nombre de Jesús, todos doblen la rodilla en el cielo, en la tierra y en los abismos, y todos reconozcan públicamente que Jesucristo es el Señor, para gloria de Dios Padre.

EVANGELIO

Mateo 26:14—27:66

En aquel tiempo, uno de los Doce, llamado Judas Iscariote, fue a ver a los sumos sacerdotes y les dijo: "¿Cuánto me dan si les entregó a Jesús?" Ellos quedaron en darle treinta monedas de plata. Y desde ese momento andaba buscando una oportunidad para entregárselo. El primer día de la fiesta de los panes ázimos, los discípulos se acercaron a Jesús y le preguntaron: "¿Dónde quieres que te preparemos la cena de Pascua?"

Él respondió: "Vayan a la ciudad, a casa de Fulano, y díganle: 'El Maestro dice: Mi hora está ya cerca. Voy a celebrar la Pascua con mis discípulos en tu casa'". Ellos hicieron lo que Jesús les había ordenado y prepararon la cena de Pascua. Al atardecer, se sentó a la mesa con los Doce, y mientras cenaban, les dijo: "Yo les aseguro que uno de ustedes va a entregarme". Ellos se pusieron muy tristes y comenzaron a preguntarle uno por uno: "¿Acaso soy yo, Señor?" Él respondió: "El que moja su pan en el mismo plato que yo, ése va a entregarme. Porque el Hijo del Hombre va a morir, como está escrito de él; pero ¡Ay de aquel por quien el Hijo del hombre va a ser entregado! ¡Más le valiera a ese hombre no haber nacido!"

Entonces preguntó Judas, el que lo iba a entregar: "¿Acaso soy yo, Maestro?" Jesús le respondió: "Tú lo has dicho".

Durante la cena, Jesús tomó un pan, y pronunciada la bendición, lo partió y lo dio a sus discípulos, diciendo: "Tomen y coman. Este es mi cuerpo". Luego tomó en sus manos una copa de vino, y pronunciada la acción gracias, la pasó a sus discípulos, diciendo: "Beban todos de ella, porque ésta es mi sangre, sangre de la nueva alianza, que será derramada por todos, para el perdón de los pecados. Les digo que ya no beberé más del fruto de la vid, hasta el día en que beba con ustedes el vino nuevo en el Reino de mi Padre".

Después de haber cantado el himno, salieron hacia el monte de los Olivos. Entonces Jesús les dijo: "Todos ustedes se van a escandalizar de mí esta noche, porque está escrito: 'Heriré al pastor y se dispersarán las ovejas del rebaño'. Pero después de que yo resucite, iré delante de ustedes a Galilea". Entonces Pedro le replicó: "Aunque todos se escandalicen de ti, yo nunca me escandalizaré".

Jesús le dijo: "Yo te aseguro que esta misma noche, antes de que el gallo cante, me habrás negado tres veces". Pedro le replicó: "Aunque tenga que morir contigo, no te negaré". Y lo mismo dijeron todos los discípulos. Entonces Jesús fue con ellos a un lugar llamado Getsemaní, y dijo a los discípulos: "Quédense aquí mientras yo voy a orar más allá". Se llevó consigo a Pedro y a los dos hijos de Zebedeo y comenzó a sentir tristeza y angustia. Entonces les dijo: "Mi alma está llena de una tristeza mortal. Quédense aquí y velen conmigo".

Avanzó unos pasos más, se postró rostro en tierra y comenzó a orar, diciendo: "Padre mío, si es posible, que pase de mí este cáliz; pero que no se haga como yo quiero, sino como quieres tú". Volvió entonces a donde estaban los discípulos y los encontró dormidos. Dijo a Pedro: "¿No han podido velar conmigo ni una hora? Velen y oren, para no caer en la tentación, porque el espíritu está pronto, pero la carne es débil". Y alejándose de nuevo, se puso a orar, diciendo: "Padre mío, si este cáliz no puede pasar sin que yo lo beba, hágase tu voluntad". Después volvió y encontró a sus discípulos otra vez dormidos, porque tenían los ojos cargados de sueño. Los dejó y se fue a orar de nuevo por tercera vez, repitiendo las mismas palabras. Después de esto, volvió a donde estaban los discípulos y les dijo: "Duerman ya y descansen. He aquí que llega la hora y el Hijo del hombre va a ser entregado en manos de los pecadores. ¡Levántense! ¡Vamos! Ya está aquí el que me va a entregar".

Todavía estaba hablando Jesús, cuando llegó Judas, uno de los Doce, seguido de una chusma numerosa con espadas y palos, enviada por los sumos sacerdotes y los ancianos del pueblo. El que lo iba a entregar les había dado esta señal: "Aquel a quien yo le dé un beso, ése es. Apréhéndanlo". Al instante se acercó a Jesús y le dijo: "¡Buenas noches, Maestro!". Y lo besó. Jesús le dijo: "Amigo, ¿es esto a lo que has venido?"

Entonces se acercaron a Jesús, le echaron mano y lo apresaron. Uno de los que estaban con Jesús sacó la espada, hirió a un criado del sumo sacerdote y le cortó una oreja. Le dijo entonces Jesús: "Vuelve la espada a su lugar, pues quien usa la espada, a espada morirá. ¿No crees que si yo se lo pidiera a mi Padre, él pondría ahora mismo a mi disposición más de doce legiones de ángeles? Pero, ¿Cómo se cumplirían entonces las Escrituras, que dicen que así debe suceder? Enseguida dijo Jesús a aquella chusma: "¿Han salido ustedes a apresarme como a un bandido, con espadas y palos? Todos los días yo enseñaba, sentado en el templo, y no me apréhéndieron. Pero todo esto ha sucedido para que se cumplieran las predicciones de los profetas".

Entonces todos los discípulos lo abandonaron y huyeron. Los que aprehendieron a Jesús lo llevaron a la casa del sumo sacerdote Caifás, donde los escribas y los ancianos estaban reunidos. Pedro los fue siguiendo de lejos hasta el palacio del sumo sacerdote. Entró y se sentó con los criados para ver en qué paraba aquello. Los sumos sacerdotes y todo el sanedrín andaban buscando un falso testimonio contra Jesús, con ánimo de darle muerte; pero no lo encontraron, aunque se presentaron muchos testigos falsos. Al fin llegaron dos, que dijeron: "Este dijo: 'Puedo derribar el templo de Dios y reconstruirlo en tres días'". Entonces el sumo sacerdote se levantó y le dijo: "¿No respondes nada a lo que éstos atestiguan en contra tuya?"

Como Jesús callaba, el sumo sacerdote le dijo: "Te conjuro por el Dios vivo que nos digas si tú eres el Mesías, el Hijo de Dios". Jesús le respondió: "Tú lo has dicho. Además, yo les declaro que pronto verán al Hijo del hombre, sentado a la derecha de Dios, venir sobre las nubes del cielo". Entonces, el sumo sacerdote rasgó sus vestiduras y exclamó: "¡Ha blasfemado! ¿Qué necesidad tenemos ya de testigos? Ustedes mismos han oído la blasfemia. ¿Qué les parece?" Ellos respondieron: "Es reo de muerte". Luego comenzaron a escupirle en la cara y a darle bofetadas. Otros lo golpeaban, diciendo: "Adivina quién es el que te ha pegado".

Entretanto, Pedro estaba fuera, sentado en el patio. Una criada se le acercó y le dijo: "Tú también estabas con Jesús, el galileo". Pero él lo negó ante todos, diciendo: "No sé de qué me estás hablando". Ya se iba hacia el zaguán, cuando lo vio otra criada y dijo a los que estaban ahí: "También ése andaba con Jesús, el nazareno". Él de nuevo lo negó con juramento: "No conozco a ese hombre". Poco después se acercaron a Pedro los que estaban ahí y le dijeron: "No cabe duda de que tú también eres de ellos, pues hasta tu modo de hablar te delata". Entonces él comenzó a echar maldiciones y a jurar que no conocía a aquel hombre. Y en aquel momento cantó el gallo. Entonces se acordó Pedro de que Jesús había dicho: "Antes de que cante del gallo, me habrás negado tres veces". Y saliendo de ahí se soltó a llorar amargamente.

Llegada la mañana, todos los sumos sacerdotes y los ancianos del pueblo celebraron consejo contra Jesús para darle muerte. Después de atarlo, lo llevaron ante el procurador, Poncio Pilato, y se lo entregaron. Entonces Judas, el que lo había entregado, viendo que Jesús había sido condenado a muerte, devolvió arrepentido las treinta monedas de plata a los sumos sacerdotes y a los ancianos, diciendo: "Pequé, entregando la sangre de un inocente". Ellos dijeron: "¿Y a nosotros qué nos importa? Allá tú". Entonces Judas arrojó las monedas de plata en el templo, se fue y se ahorcó. Los sumos sacerdotes tomaron las monedas de plata, y dijeron: "No es lícito juntarlas con el dinero de las limosnas, porque son precio de sangre". Después de deliberar, compraron con ellas el campo del alfarero, para sepultar ahí a los extranjeros. Por eso aquel campo se llama hasta el día de hoy "Campo de sangre". Así se cumplió lo que dijo el profeta Jeremías: "Tomaron las treinta monedas de plata en que fue tasado aquel a quien pusieron precio algunos hijos de Israel, y las dieron por el campo del alfarero, según lo que me ordenó el Señor".

Jesús compareció ante el procurador, Poncio Pilato, quien le preguntó: "¿Eres tú el Rey de los judíos?" Jesús respondió: "Tú lo has dicho". Pero nada respondió a las acusaciones que le hacían los sumos sacerdotes y los ancianos. Entonces le dijo Pilato: "¿No oyes todo lo que dicen contra ti?" Pero él nada respondió, hasta el punto de que el procurador se quedó muy extrañado. Con ocasión de la fiesta de la Pascua, el procurador solía conceder a la multitud la libertad del preso que quisieran. Tenían entonces un preso famoso, llamado Barrabás. Dijo, pues, Pilato a los ahí reunidos: "¿A quién quieren que le deje en libertad: a Barrabás o a Jesús, que se dice el Mesías?"

Pilato sabía que se lo habían entregado por envidia. Estando él sentado en el tribunal, su mujer mandó decirle: "No te metas con ese hombre justo, porque hoy he sufrido mucho en sueños por su causa". Mientras tanto, los sumos sacerdotes y los ancianos convencieron a la muchedumbre de que pidieran la libertad de Barrabás y la muerte de Jesús. Así, cuando el procurador les preguntó: "¿A cuál de los dos quieren que les suelte?" Ellos respondieron: "A Barrabás". Pilato les dijo: "¿Y qué voy a hacer con Jesús, que se dice el Mesías?" Respondieron todos: "Crucifícalo". Pilato preguntó: "Pero, ¿qué mal ha hecho?" Mas ellos seguían gritando cada vez con más fuerza: "Crucifícalo".

Entonces Pilato, viendo que nada conseguía y que crecía el tumulto pidió agua y se lavó las manos ante el pueblo, diciendo: "Yo no me hago responsable de la muerte de este hombre justo. Allá ustedes". Todo el pueblo respondió: "¡Que su sangre caiga sobre nosotros y sobre nuestros hijos!" Entonces Pilato puso en libertad a Barrabás. En cambio a Jesús lo hizo azotar y lo entregó para que lo crucificaran. Los soldados del procurador llevaron a Jesús al pretorio y reunieron alrededor de él a todo el batallón. Lo desnudaron y le echaron encima un manto de púrpura, trenzaron una corona de espinas y se la pusieron en la cabeza; le pusieron una caña en su mano derecha, y arrodillándose ante él, se burlaban diciendo: "¡Viva el rey de los judíos!" Y le escupían. Luego, quitándole la caña, golpeaban con ella en la cabeza. Después de que se burlaron de él, le quitaron el manto, le pusieron sus ropas y lo llevaron a crucificar. Al salir, encontraron a un hombre de Cirene, llamado Simón, y lo obligaron a llevar la cruz. Al llegar a un lugar llamado Gólgota, es decir, "Lugar de la Calavera", le dieron a beber a Jesús vino mezclado con hiel; él lo probó, pero no lo quiso beber. Los que lo crucificaron se repartieron sus vestidos, echando suertes, y se quedaron sentados para custodiarlo. Sobre su cabeza pusieron por escrito la causa de su condena: 'Este es Jesús, el rey de los judíos'. Juntamente con él, crucificaron a dos ladrones, uno a su derecha y el otro a su izquierda. Los que pasaban por allí, lo insultaban moviendo la cabeza y gritándole: "Tú que destruyes el templo y en tres días lo reedificas,

sálvate a ti mismo; si eres el Hijo de Dios, baja de la cruz".

También se burlaban de él los sumos sacerdotes, los escribas y los ancianos, diciendo: "Ha salvado a otros y no puede salvarse a sí mismo. Si es el rey de Israel, que baje de la cruz y creeremos en él. Ha puesto su confianza en Dios, que Dios lo salve ahora si es que de verdad lo ama, pues él ha dicho: 'Soy el Hijo de Dios' ".

Hasta los ladrones que estaban crucificados a su lado lo injuriaban. Desde el mediodía hasta las tres de la tarde, se oscureció toda aquella tierra. Y alrededor de las tres, Jesús exclamó con fuerte voz: *"Elí, Elí, ¿lemá sabactaní?"*, que quiere decir: "Dios mío, Dios mío, ¿por qué me has abandonado?" Algunos de los presentes, al oírlo, decían: "Está llamando a Elías".

Enseguida uno de ellos fue corriendo a tomar una esponja, la empapó en vinagre y sujetándola a una caña, le ofreció de beber. Pero otros le dijeron: "Déjalo. Veamos a ver si viene Elías a salvarlo". Entonces Jesús, dando de nuevo un fuerte grito, expiró.

Entonces el velo del templo se rasgó en dos partes, de arriba a abajo, la tierra tembló y las rocas se partieron. Se abrieron los sepulcros y resucitaron muchos justos que habían muerto, y después de la resurrección de Jesús, entraron en la ciudad santa y se aparecieron a mucha gente. Por su parte, el oficial y los que estaban con él custodiando a Jesús, al ver el terremoto y las cosas que ocurrían, se llenaron de un gran temor y dijeron: "Verdaderamente éste era Hijo de Dios". También estaban allí, mirando desde lejos, muchas de las mujeres que habían seguido a Jesús desde Galilea para servirlo. Entre ellas estaban María Magdalena, María, la madre de Santiago y de José, y la madre de los hijos de Zebedeo. Al atardecer, vino un hombre rico de Arimatea, llamado José, que se había hecho también discípulo de Jesús. Se presentó a Pilato y le pidió el cuerpo de Jesús, y Pilato dio orden de que se lo entregaran. José tomó el cuerpo, lo envolvió en una sábana limpia y lo depositó en un sepulcro nuevo, que había hecho excavar en la roca para sí mismo. Hizo rodar una gran piedra hasta la entrada del sepulcro y se retiró. Estaban ahí María Magdalena y la otra María, sentadas frente al sepulcro. Al otro día, el siguiente de la preparación a la Pascua, los sumos sacerdotes y los fariseos se reunieron ante Pilato y le dijeron: "Señor, nos hemos acordado de que ese impostor, estando aún en vida, dijo: 'A los tres días resucitaré'. Manda, pues, asegurar el sepulcro hasta el tercer día; no sea que vengan sus discípulos, lo roben y digan al pueblo: 'Resucitó de entre los muertos', porque esta última impostura sería peor que la primera". Pilato les dijo: "Tomen un pelotón de soldados, aseguren el sepulcro como ustedes quieran".

Ellos fueron y aseguraron el sepulcro, poniendo un sello sobre la puerta y dejaron ahí la guardia.

ESTE DOMINGO marca el inicio de la Semana Santa, la semana que nuestro pueblo ha identificado como *semana mayor* por los misterios que en ella celebramos y recordamos. Para algunas culturas indígenas, por ejemplo los incas y los mayas, esta semana era el centro del año litúrgico. A partir de la reforma litúrgica, la centralidad está en la Vigilia Pascual, que es donde culminará la semana que hoy iniciamos, con la victoria de Cristo sobre la muerte. Este mismo mensaje constituye la esencia de la predicación apostólica: el anuncio de Cristo, a quien ustedes dieron muerte colgándolo de la cruz, pero al cual Dios resucitó de entre los muertos.

Esta celebración conjuga dos aspectos inseparables: la pasión y la gloria de Cristo; la vida y la muerte; la luz y la oscuridad. La liturgia de hoy nos presenta el inicio del Misterio Pascual; aclaman a Jesús como Rey, pues lo es, pero la idea que el pueblo tenía sobre un reinado era totalmente diferente a la idea del Reino proclamado por Jesús. La misma gente que hoy lo recibe con el "hosanna al hijo de David", en unos días negará conocerlo, lo ignorará y peor aun, pedirá su muerte en la cruz: ¡Crucifícalo!

Al que ahora proclama como Rey, después lo acusará de haberse proclamado Rey de los judíos. Ésta es la muestra más clara de los seres humanos: proclamamos una verdad y no vivimos según ella.

¡Cuidado con aquellos que se dejan seducir por los halagos del mundo, porque las decepciones son espantosas! En un momento nos pueden elevar hasta los cielos y luego, en un instante, precipitarnos al abismo. Sólo quien se preocupa por servir y glorificar a Dios, jamás será traicionado. Qué importante es que a la hora de actuar no estemos procurando dar gusto a la gente, sino trabajando con toda discreción por dar gloria a Dios.

El Domingo de Ramos abre un pórtico esplendoroso con la entrada triunfal de Cristo a Jerusalén. Ahí las multitudes desbordan de alegría, con las palmas en sus manos vitorean la entrada de su Rey, pero a la vez, al final de la semana, un silencio sepulcral invade la tierra. La malicia de unos cuantos, arrasando la ignorancia de la multitud, cobró tal fuerza que obligó al juez a dar la sentencia de muerte al que públicamente había declarado inocente. Al único que no tenía culpa alguna. ∎

VIVIENDO NUESTRA FE

Es muy común que la mayoría de las personas crea que uno de los signos de estar bien con Dios es que les vaya bien en este mundo. Esta manera de pensar no concuerda con el pensamiento de Dios. Son muchas las personas que sueñan con que se les dé por adelantado su jornal; quieren tenerlo todo ya desde esta vida. Sin embargo, las personas que han gozado más del favor de Dios son aquellas que han tenido el privilegio de llevar en vida sus estigmas. Con esto podemos constatar que los signos más claros del amor de Dios por sus hijos e hijas consisten en compartir con ellos más estrechamente sus sufrimientos y su cruz, porque se convierten en fuente de redención para todo el género humano.

PREGUNTAS PARA REFLEXIONAR

1. ¿Qué piensas cuando el mundo te alaba? Cuando se critica o condena a alguien ¿Cuál es tu actitud?

2. ¿Culpas siempre a Dios de tus males y problemas?

3. ¿Qué te sugiere la muerte injusta de Cristo?

4. ¿Cuál es tu actitud cuando de estar todo bien de pronto te sucede algo difícil de explicar o aceptar?

LECTURAS SEMANALES: Isaías 42:1-7; 49:1-6; 50:4-9a.

TRIDUO PASCUAL

S a l m o   9 1

1–6, 8–11, 14–16

Tú que habitas al amparo del altísimo,
a la sombra del todopoderoso,
dile al Señor: mi amparo, mi refugio
en ti, mi Dios, yo pongo mi confianza.

Él te libra del lazo
del cazador que busca destruirte;
te cubre con sus alas
y será su plumaje tu refugio.

No temerás los miedos de la noche
ni la flecha disparada de día,
ni la peste que avanza en las tinieblas
ni la plaga que azota a pleno sol.

Aunque caigan mil hombres a tu lado
y diez mil a tu diestra,
tú permaneces fuera de peligro;
su lealtad te escuda y te protege.

Basta que tengas tus ojos abiertos
y verás el castigo del impío
tú que dices: "mi amparo es el Señor"
y que haces del Altísimo tu asilo.

No podrá la desgracia dominarte
ni la plaga acercarse a tu morada:
pues ha dado a sus ángeles la orden
de protegerte en todos tus caminos.

En sus manos te habrán de sostener
para que no tropiece
tu pie en alguna piedra;
andarás sobre víboras y leones
y pisarás cachorros y dragones.

"Pues a mí se acogió, lo libraré,
lo protegeré, pues mi nombre conoció.
Me llamará, yo le responderé
y estaré con él en la desgracia.

Lo salvaré y lo enalteceré.
Lo saciaré de días numerosos
y haré que pueda ver mi salvación.

 **28 DE MARZO DEL 2002.** En este día, Cristo nos deja la prueba más grande de su amor. En el instante mismo en que Judas ya había planeado su entrega y en que Jesús lo sabía con toda claridad, pues así se los manifestó a sus apóstoles, en ese mismo momento planeó la manera de quedarse para siempre con nosotros. Sabía que su presencia en medio de la Iglesia que estaba por nacer era lo esencial, y lo hace recordando (como judío que era) la noche en la que Dios liberó a su pueblo de una esclavitud espantosa. Sólo Dios, que conocía perfectamente su obra, era capaz de semejante hazaña. Sabía perfectamente que la humanidad sin su apoyo estaría irremisiblemente perdida; por eso se da a la tarea de encontrar un camino para permanecer por siempre con nosotros.

La noche del Jueves Santo es la noche eucarística por excelencia; podríamos decir que es la "eucaristía madre" de toda la Iglesia, aunque teológicamente todas las eucaristías son iguales en su valor. Es la preparación a la Pascua judía; la liturgia de hoy nos prepara a la celebración de la Pascua definitiva: la entrada al octavo día de la creación y a la eternidad de Dios que resucita a Jesucristo. La cena pascual de Jesús con sus discípulos se da en un ambiente de servicio: antes de partir el pan, Jesús reafirma su presencia en medio de ellos "como el que sirve", lo hace desempeñando una función propia de los esclavos: lava los pies de sus acompañantes, aun de quien lo traicionaría esa misma noche. En el mismo contexto, reafirma el amor con un mandamiento nuevo: el amarse los unos a los otros. Por ello, los apóstoles no tuvieron problema en entender la caridad y el servicio, pues lo habían experimentado directamente de Jesús.

En este testamento de amor y servicio, Jesús pide que continuemos haciendo lo mismo en memoria suya. Y desde entonces, como Iglesia hemos cumplido este mandato de Jesús; nos reunimos a celebrar la eucaristía, a dar gracias a Dios por los dones de la tierra, por la creación entera, a escuchar la historia de nuestra propia vida y a compartir en santa comunión con los hermanos y hermanas que formamos esta comunidad llamada Iglesia, cuerpo de Cristo.

A la par, Jesús instituye el sacerdocio al servicio de la misma Iglesia. Pide que los apóstoles presidan esa cena que nos dará identidad como cristianos y por la cual seremos reconocidos. Al instituir la eucaristía y al ofrecer un mandamiento nuevo, Jesús los presenta en el contexto de la caridad, la acción de gracias y el servicio a los demás. Esos tres elementos se conjugan en la liturgia de hoy.

Bendecimos el pan que compartiremos con los pobres, no sólo hoy sino a lo largo del año; procesaremos con el santísimo sacramento para recordar que somos Iglesia peregrina que está de pie y lista para seguir a su maestro; adoramos a Jesús presente en el pan, sin olvidar que también está presente en cada persona que forma parte de nuestra comunidad. La liturgia y el espíritu del día nos llevan al ayuno como una forma de preparación, este día nos alimentamos del pan que da la vida, para así llevar a Jesús a los demás durante el resto del año.

El Jueves Santo debe ser para nosotros un memorial perpetuo que nos recuerde el gran amor de Jesús por la humanidad y el compromiso ineludible que esto debe significar para cada uno de nosotros: corresponder a ese amor y de trabajar para que en todo el mundo y en cada corazón se le ame de verdad, poniendo en práctica sus palabras y ejemplo.

VIERNES SANTO

29 DE MARZO DEL 2002. Los malvados creyeron que habían exterminado al justo. La oscuridad y las tinieblas cubrieron la tierra, convirtiendo el día en la noche más negra de todos los tiempos. La naturaleza entera gimió de dolor ante tal atrocidad. Los testigos abandonaron el lugar de los hechos. Una vez más la justicia humana había errado al condenar a muerte al justo entre los justos.

Sin embargo, la infinita bondad y misericordia de Dios se pondría nuevamente de manifiesto, sacando bienes de los más grandes males. La muerte de Cristo, que parecía ser la peor de las tragedias para la humanidad, se convierte en fuente de vida y de gracia; por medio de su muerte viviríamos para siempre.

El sufrimiento, el mal y la muerte seguirán siendo una pesadilla para la humanidad. En el Primer Testamento propiamente no se les pudo encontrar respuesta. Siempre se pensaba que el sufrimiento y el mal fueran consecuencia del pecado, pero ante la realidad del hecho de que muchos justos experimentaron verdaderos padecimientos, la pregunta permaneció sin respuesta. Sin embargo, cuando Cristo, el Hijo de Dios, sufre como cualquiera de los malhechores y es llevado contra toda justicia a la muerte en la Cruz, no nos queda sino buscar otra respuesta a esta realidad.

Con toda claridad, el sufrimiento y la muerte de Cristo nos hablan de que infinidad de personas que sufren en este mundo son víctimas de la maldad humana y del abuso de la libertad que Dios mismo nos ha otorgado. Al igual que los ejércitos cuando se cruzan en combate, dejan sembrado el camino de cadáveres para que al final de cuentas uno de ellos se levante con la victoria. Así en la vida humana se libra desde siempre una guerra a muerte entre las fuerzas del bien y del mal, y son muchas las víctimas que caen en el combate. Pero así como los soldados caídos en combate se convierten en los héroes de sus pueblos y naciones, así las almas de los justos que sufren en este mundo infinidad de injusticias y crueldades se levantarán el día de mañana con la palma del martirio en sus manos y coronados de gloria en la vida eterna.

El Viernes Santo, por una tradición muy antigua, se suspende la celebración de la eucaristía como signo de duelo, los templos se desnudan de todo ornato, se callan las campanas y desaparecen las flores. Un silencio de respeto y de luto reina en la Iglesia, como la semilla sepultada en el surco en espera de su nacimiento. Todo está preparado para dar ese paso de la muerte a la vida, de la oscuridad a la luz, de la mentira a la verdad. La lectura de la Pasión debe sumirnos en una reflexión profunda sobre los errores que nosotros mismos podemos cometer, al igual que tantos otros que se han cometido en la historia de la humanidad.

Nuevamente, la liturgia es muy rica en sus símbolos: la ambientación es tan austera que nos impregna del espíritu del día: silencio, ayuno, sacrificio, cruz y muerte. Hoy adoramos la cruz no como algo fatal, sino como camino hacia la verdadera libertad. Oramos por todas las necesidades del mundo, por nuestros gobiernos, por la Iglesia, por sus líderes y por el pueblo judío. Es a través de la Cruz de Cristo que nos hacemos solidarios con todos los demás, pues su muerte trajo la vida a todos.

El día de hoy es quizá el día céntrico de las expresiones de la piedad popular. El pueblo manifiesta su desmedido amor por Dios a través de diferentes prácticas que toman parte en el contexto de toda la liturgia: el viacrucis viviente, las siete palabras, el rosario de pésame, la ceremonia del santo entierro y la marcha del silencio. Éstas son oportunidades ideales para adentrarnos en la teología popular, cuya base se encuentra precisamente en las prácticas religiosas más que en los libros de teología que están en las bibliotecas.

VIGILIA PASCUAL

30 DE MARZO DEL 2002. ¡Ésta es nuestra noche! Sin esta noche no tendría sentido nada, ni nuestra vida misma. Es la liturgia más solemne de todo el año litúrgico; de aquí se desprenden todas las demás. Ésta es la noche que fue nuestro día, la Pascua definitiva de todo el pueblo de Dios; ahora Cristo, con su resurrección, vence al único enemigo que faltaba: la muerte. Esta noche es la noche del ¡Aleluya!, en la que se alegran por fin "los coros de los ángeles y las jerarquías del cielo"; así lo enfatiza el pregón pascual que cantamos como el nuevo pueblo escogido por Dios para llevar a cabo el plan de salvación trazado antiguo. Hoy se cumple la promesa de salvación.

La Pascua siempre coincide con la primera luna llena de primavera, hasta la misma naturaleza testifica la nueva vida que Cristo ha ganado para nosotros. Esto es un recuerdo de la marcha de Israel por el desierto, pues saldrían de noche y, a la luz de la luna llena, caminarían hacia la libertad. Tanto la historia del pasado como el momento presente se conjugan en la experiencia de la resurrección que celebramos esta noche. Hoy, después de haber guardado silencio durante el tiempo necesario marcado por los cuarenta días, como Iglesia rompemos el silencio con el canto victorioso de la resurrección.

La liturgia lo marca con los símbolos: el fuego nuevo, por el cual se bendice el cirio pascual que nos recordará cada domingo, especialmente durante la Pascua, la presencia de Cristo resucitado, de Cristo como luz del mundo. Este rito de bendición del cirio pascual es el más antiguo de la Iglesia.

La Liturgia de la Palabra constituye un recorrido fantástico a la historia de la salvación. Esta noche en la Iglesia primitiva se tenía la última instrucción catequética para quienes serían admitidos en la comunidad de los bautizados en Cristo. Por ello las lecturas, cuya tradición hemos seguido desde el siglo II, reflejan un alto contenido catequético. Si el día de ayer recordamos el sacrificio de Cristo en la Cruz, hoy, por medio de las lecturas, escuchamos una vez más las historias de nuestra formación como pueblo de Dios y celebramos ya no un sacrificio, sino una victoria eterna.

Esta noche en la Iglesia primitiva se bendecía el agua bautismal; quienes recibían el bautismo inmediatamente se revestían de blanco y esa vestidura la llevaban durante siete días, hasta llegar al *dominica in albis* (domingo de las vestiduras blancas). Ahora, esta noche se bautiza a los catecúmenos y se les incluye en la plenitud de la Iglesia, que es enteramente liturgia bautismal de confirmación y eucaristía de los nuevos conversos al cristianismo.

La liturgia de esta noche es el centro de todo el año litúrgico; es esta noche la que dará sentido a las diversas estaciones que la Iglesia celebra a lo largo del año. Hoy no sólo celebramos la resurrección del Señor, sino que reafirmamos nuestra fe en la resurrección de los muertos. Con esta misma alegría que hoy compartimos, estamos llamados a celebrar el Misterio Pascual de Cristo en cada eucaristía a lo largo del año con la certeza de que el Reino de Dios es algo definitivo, algo que está garantizado por la resurrección del Señor.

Lecturas para el Triduo Pascual

28 DE MARZO DEL 2002
JUEVES SANTO

LECTURAS:
Éxodo 12:1– 8, 11–14
1 Corintios 11:23 – 26
Juan 13:1–15

29 DE MARZO DEL 2002
VIERNES SANTO

LECTURAS:
Isaías 52:13 — 53:12
Hebreos 4:14 –16; 5:7– 9
Juan 18:1—19:42

30 DE MARZO DEL 2002
VIGILIA PASCUAL

LECTURAS:
Génesis 1:1— 2:2
Génesis 22:1–18
Éxodo 14:15 —15:1
Isaías 54:5 –14
Isaías 55:1–11
Baruc 3:9 –15, 32 — 4:4
Ezequiel 36:16 –17a, 18 – 28
Romanos 6:3 –11
Mateo 28:1–10

PASCUA

Salmo 118

1–2, 13–14, 17–18, 22–27

Den gracias al Señor, pues Él es bueno,
pues su bondad perdura para siempre.
Que lo diga la gente de Israel:
su bondad es eterna.

Me empujaron con fuerza
para verme en el suelo,
pero acudió el Señor a socorrerme.

El Señor es mi fuerza
y es por Él que yo canto;
ha sido para mí la salvación.

No, no moriré, mas yo viviré
para contar las obras del Señor.
Con razón el Señor me ha castigado,
pero no permitió que muriera.

La piedra que dejaron los maestros
se convirtió en la piedra principal:
ésta es la obra de Dios,
es una maravilla a nuestros ojos.
Éste es el día que ha hecho el Señor,
gocemos y alegrémonos en Él.
Danos, Señor, danos la salvación,
danos Señor, danos prosperidad.
"Bendito sea el que viene
en el Nombre del Señor,
nosotros los bendecimos
desde la Casa de Dios.
El Señor es Dios, Él nos ilumina".

31 DE MARZO DEL 2002

PRIMERA LECTURA

Hechos de los Apóstoles 10:34a, 37-43

En aquellos días, Pedro tomó la palabra y dijo: "Ya saben ustedes lo sucedido en toda Judea, que tuvo principio en Galilea, después del bautismo predicado por Juan: cómo Dios ungió con el poder del Espíritu Santo a Jesús de Nazaret y cómo éste pasó haciendo el bien, sanando a todos los oprimidos por el diablo, porque Dios estaba con él.

Nosotros somos testigos de cuanto él hizo en Judea y en Jerusalén. Lo mataron colgándolo de la cruz, pero Dios lo resucitó al tercer día y concedió verlo, no a todo el pueblo, sino únicamente a los testigos que él, de antemano, había escogido: a nosotros, que hemos comido y bebido con él después de que resucitó de entre los muertos.

Él nos mandó predicar al pueblo y dar testimonio de que Dios lo ha constituido juez de vivos y muertos. El testimonio de los profetas es unánime: que cuantos creen en él reciben, por su medio, el perdón de los pecados".

SEGUNDA LECTURA

Colosenses 3:1-4

Hermanos: Puesto que ustedes han resucitado con Cristo, busquen los bienes de arriba, donde está Cristo, sentado a la derecha de Dios. Pongan todo el corazón en los bienes del cielo, no en los de la tierra, porque han muerto y su vida está escondida con Cristo en Dios. Cuando se manifieste Cristo, vida de ustedes, entonces también ustedes se manifestarán gloriosos, juntamente con él.

SEGUNDA LECTURA

Corintios 5:6-8

Hermanos: ¿No saben ustedes que un poco de levadura hace fermentar toda la masa? Tiren la antigua levadura, para que sean ustedes una masa nueva, ya que son pan sin levadura, pues Cristo, nuestro cordero pascual, ha sido inmolado. Celebremos, pues, la fiesta de la Pascua, no con la antigua levadura, que es de vicio y maldad, sino con el pan sin levadura, que es de sinceridad y verdad.

EVANGELIO

Juan 20:1-9

El primer día después del sábado, estando todavía oscuro, fue María Magdalena al sepulcro y vio removida la piedra que lo cerraba. Echó a correr, llegó a la casa donde estaban Simón Pedro y el otro discípulo, a quien Jesús amaba, y les dijo: "Se han llevado del sepulcro al Señor y no sabemos dónde lo habrán puesto".

Salieron Pedro y el otro discípulo camino del sepulcro. Los dos iban corriendo juntos, pero el otro discípulo corrió más aprisa que Pedro y llegó primero al sepulcro, e inclinándose, miró los lienzos puestos en el suelo, pero no entró.

En eso llegó también Simón Pedro, que lo venía siguiendo, y entró en el sepulcro. Contempló los lienzos puestos en el suelo y el sudario, que había estado sobre la cabeza de Jesús, puesto no con los lienzos en el suelo, sino doblado en sitio aparte. Entonces entró también el otro discípulo, el que había llegado primero al sepulcro, y vio y creyó, porque hasta entonces no habían entendido las Escrituras, según las cuales Jesús debía resucitar de entre los muertos.

A PESAR de los continuos avisos que Jesús hizo sobre su Pasión y los sufrimientos que pasaría a manos del pueblo y de que al tercer día Dios lo resucitaría de entre los muertos, su resurrección sorprende a todos por completo. Los hechos hablan de que nadie había comprendido del todo sus palabras.

Luego, Pedro se convierte en el testigo más firme y decidido de la resurrección de Cristo. Abiertamente les grita a sus paisanos: "ustedes lo mataron colgándolo de la cruz". Con la misma valentía proclama la resurrección, considerándose él como uno de los privilegiados al ser testigo ocular de los hechos. Una vez más se equivocan quienes intentaron apagar la voz del justo, pues Dios lo resucitó de entre los muertos.

Los malvados creyeron que habían derrotado al Justo, pero Dios lo levantó de las cenizas de la muerte y lo coronó de gloria.

Con su resurrección, Cristo venció al pecado, al sufrimiento y a la muerte. Estos son los tres males mayores a los que estamos sujetos, pero los dos segundos son consecuencia del primero. De esta forma, Cristo, al traernos el perdón de los pecados, los otros dos males se convierten en grandes bienes para quienes los sepan aceptar, pues el sufrimiento llevado por amor a Cristo se convierte en fuente de redención y la muerte no es más que la puerta hacia la verdadera vida.

Ahora, el cristiano ya no debe temer a la muerte. Siendo engendrados iniciamos el peregrinar hacia ella, sabiendo que ésta es el principio de la vida eterna. En este mundo, la vida no es un fin en sí mismo, sino el tiempo que Dios nos da para ganar la vida eterna, aunque el mundo moderno quiera siempre apartarnos de esta realidad.

Por eso, Pablo nos invita a buscar las cosas del cielo para que también nosotros resucitemos con Cristo. Por ello, no debemos temer a la muerte, sino verla como la puerta hacia la vida verdadera, para la cual hemos sido creados por Dios. ■

VIVIENDO NUESTRA FE

La persona de fe vive su vida con la plena tranquilidad de saber que después del paso por esta vida, que tendrá necesariamente momentos o etapas difíciles, le espera la recompensa de la felicidad eterna, donde se podrá alcanzar el pleno gozo en el Señor sin mezcla ya de sufrimiento o dolor. Esta fe es la que llena de fortaleza y vigor al cristiano para poder sobrellevar con paciencia y resignación los más grandes sufrimientos que esta vida pueda traer. La persona de fe vive con la plena convicción de que esta vida es pasajera y que debe aprovechar al máximo, para conseguir la gloria en compañía de nuestro Dios.

PREGUNTAS PARA REFLEXIONAR

1. ¿A cuántas personas que se dicen cristianas has conocido desesperadas y sin poder entender, el por qué de la muerte de algún familiar cercano?

2. ¿Por qué muchos padres de familia no terminan por entender que no son dueños de sus hijos, sino que tienen el compromiso de llevarlos a gozar de Dios?

3. ¿Qué interpretación tienes del sufrimiento?

LECTURAS SEMANALES: Hechos 2:14, 22-23; 2:36-41; 3:1-10; 3:11-26; 4:1-12; 4:13-21.

Hechos de los Apóstoles 2:42–47

En los primeros días de la Iglesia, todos los hermanos acudían asiduamente a escuchar las enseñanzas de los apóstoles, vivían en comunión fraterna y se congregaban para orar en común y celebrar la fracción del pan. Toda la gente estaba llena de asombro y de temor, al ver los milagros y prodigios que los apóstoles hacían en Jerusalén.

Todos los creyentes vivían unidos y lo tenían todo en común. Los que eran dueños de bienes o propiedades los vendían, y el producto era distribuido entre todos, según las necesidades de cada uno. Diariamente se reunían en el templo, y en las casas partían el pan y comían juntos, con alegría y sencillez de corazón. Alababan a Dios y toda la gente los estimaba. Y el Señor aumentaba cada día el número de los que habían de salvarse.

SEGUNDA LECTURA

1 Pedro 1:3–9

EVANGELIO

Juan 20:19–31

Al anochecer del día de la resurrección, estando cerradas las puertas de la casa donde se hallaban los discípulos, por miedo a los judíos, se presentó Jesús en medio de ellos y les dijo: "La paz esté con ustedes". Dicho esto, les mostró las manos y el costado. Cuando los discípulos vieron al Señor, se llenaron de alegría.

De nuevo les dijo Jesús: "La paz esté con ustedes. Como el Padre me ha enviado, así también los envío yo". Después de decir esto, sopló sobre ellos y les dijo: "Reciban al Espíritu Santo. A los que les perdonen los pecados, les quedarán perdonados; y a los que no se los perdonen, les quedarán sin perdonar".

Tomás, uno de los Doce, a quien llamaban el Gemelo, no estaba con ellos cuando vino Jesús, y los otros discípulos le decían: "Hemos visto al Señor". Pero él les contestó: "Si no veo en sus manos la señal de los clavos y si no meto mi dedo en los agujeros de los clavos y no meto mi mano en su costado, no creeré". Ocho días después, estaban reunidos los discípulos a puerta cerrada y Tomás estaba con ellos. Jesús se presentó de nuevo en medio de ellos y les dijo: "La paz esté con ustedes". Luego le dijo a Tomás: "Aquí están mis manos; acerca tu dedo. Trae acá tu mano, métela en mi costado y no sigas dudando, sino cree". Tomás le respondió: "¡Señor mío y Dios mío!" Jesús añadió: "Tú crees porque me has visto; dichosos los que creen sin haber visto".

Otras muchas señales milagrosas hizo Jesús en presencia de sus discípulos, pero no están escritas en este libro. Se escribieron éstas para que ustedes crean que Jesús es el Mesías, el Hijo de Dios, y para que, creyendo, tengan vida en su nombre.

LUNES 8 DE ABRIL DEL 2002
La Anunciación del Señor

Isaías 7:10–14; 8:10
La virgen concebirá y dará a luz un hijo.

Hebreos 10:4–10
En tu libro se me ordena cumplir
tu voluntad.

San Lucas 1:26–38
Concebirás y darás a luz un hijo.

MUCHAS PERSONAS rechazan el sacramento de la reconciliación porque, según ellos, no vale la pena confesarse con una persona igual o peor que ellos.

Se oye muy bien. "Confesarse directamente con Dios en lugar de hacerlo con un simple hombre". Ahora que se está poniendo muy de moda el que cada uno construya su propia religión. Es demasiado frecuente encontrarse con personas que dicen: "Yo sí creo en Dios, pero a mí no me vengan con todos sus inventos de la Iglesia". Es muy frecuente que debido a las fallas y deficiencias de algunos sacerdotes, se quiera desacreditar a toda la Iglesia como cuerpo de Cristo, cuando falta alguno de sus miembros.

Son demasiadas las personas que fincan sus críticas destructivas contra la Iglesia en las fallas y deficiencias de sus líderes, como si la Iglesia católica estuviera sostenida en la ciencia y virtud de los sacerdotes, desconociendo por completo su origen divino y que es Cristo su fundador.

El Evangelio narra que el mismo domingo de resurrección por la noche, Jesús se aparece a sus apóstoles y los encuentra escondidos por miedo a los judíos. En dos ocasiones les ofrece la paz, y luego les da la facultad y el mandato de perdonar los pecados. ¿Qué clase de paz viene a ofrecer Cristo a sus apóstoles? Es claro que les ofrece la paz interna del corazón, una paz que también les lleva a estar bien con los demás, y les ofrece la serenidad necesaria para continuar con la misión del Reino de Dios. Es la paz que todo ser humano requerirá en esta vida para poder estar tranquilo, y esa paz sólo puede lograrse en un corazón limpio de pecado, abierto a Dios y a los demás. Mientras tengamos conciencia del pecado, mientras sintamos que nuestra relación no está bien con Dios o con los prójimos, lo normal es que el remordimiento no nos deje tranquilos. Para poder gozar de esta paz, no podemos engañarnos a nosotros mismos. Sabemos claramente que a nuestros prójimos podemos engañarlos del mil maneras, pero ante la presencia de Dios no hay posibilidad de engaño, no es posible estar bien con Dios y estar mal con la comunidad.

Cuando Cristo da el poder de perdonar a sus apóstoles, no se basa en la ciencia o virtud de ellos, sino en su infinita bondad y misericordia, poniendo al alcance del ser humano un instrumento de perdón. Lo hace porque Dios es bueno, no porque nosotros seamos buenos. ∎

VIVIENDO NUESTRA FE

La paz sólo puede ser verdadera, cuando poniéndose ante la presencia de Dios, sentimos que las cosas están bien. Esta paz no es el resultado de no haber pecado, cosa que es propiamente imposible para el ser humano común, sino de reconocer con toda humildad y sinceridad, que hemos fallado ante Dios y ante nuestros hermanos, y que nos comprometemos a poner todo nuestro esfuerzo para evitarlo de ahora en adelante. Esta paz es el fruto del encuentro de nuestra conciencia ante Dios y de reconocer que no ocultamos nada, que presentamos un alma desnuda ante la presencia de Dios para que nos la cure y recobre fuerza y lucidez para seguir adelante.

PREGUNTAS PARA REFLEXIONAR

1. ¿Crees que aun con las puertas cerradas, Cristo puede influir en tu vida?

2. ¿Qué mensaje te deja la actitud de Tomás al no creer a sus compañeros?

3. ¿Cómo anda tu fe en cuanto al sacramento de la reconciliación?

LECTURAS SEMANALES: Hechos 2:42–47; Isaías 7:10–14; 8–10; Hechos 4:32–37; 5:17–26; 5:27–33; 5:34–42; 6:1–7.

PRIMERA LECTURA

Hechos de los Apóstoles 2:14, 22-33

SEGUNDA LECTURA

1 Pedro 1:17-21

Hermanos: Puesto que ustedes llaman Padre a Dios, que juzga imparcialmente la conducta de cada uno según sus obras, vivan siempre con temor filial durante su peregrinar por la tierra.

Bien saben ustedes que de su estéril manera de vivir, heredada de sus padres, los ha rescatado Dios, no con bienes efímeros, como el oro y la plata, sino con la sangre preciosa de Cristo, el cordero sin defecto ni mancha, al cual Dios había elegido desde antes de la creación del mundo, y por amor a ustedes, lo ha manifestado en estos tiempos, que son los últimos. Por Cristo, ustedes creen en Dios, quien lo resucitó de entre los muertos y lo llenó de gloria, a fin de que la fe de ustedes sea también esperanza en Dios.

EVANGELIO

Lucas 24:13-35

El mismo día de la resurrección, iban dos de los discípulos hacia un pueblo llamado Emaús, situado a unos once kilómetros de Jerusalén, y comentaban todo lo que había sucedido.

Mientras conversaban y discutían, Jesús se les acercó y comenzó a caminar con ellos; pero los ojos de los dos discípulos estaban velados y no lo reconocieron. Él les preguntó: "¿De qué cosas vienen hablando, tan llenos de tristeza?"

Uno de ellos, llamado Cleofás, le respondió: "¿Eres tú el único forastero que no sabe lo que ha sucedido estos días en Jerusalén?" Él les preguntó: "¿Qué cosa?" Ellos le respondieron: "Lo de Jesús el nazareno, que era un profeta poderoso en obras y palabras, ante Dios y ante todo el pueblo. Cómo los sumos sacerdotes y nuestros jefes lo entregaron para que lo condenaran a muerte, y lo crucificaron. Nosotros esperábamos que él sería el libertador de Israel, y sin embargo, han pasado ya tres días desde que estas cosas sucedieron. Es cierto que algunas mujeres de nuestro grupo nos han desconcertado, pues fueron de madrugada al sepulcro, no encontraron el cuerpo y llegaron contando que se les habían aparecido unos ángeles, que les dijeron que estaba vivo. Algunos de nuestros compañeros fueron al sepulcro y hallaron todo como habían dicho las mujeres, pero a él no lo vieron".

Entonces Jesús les dijo: "¡Qué insensatos son ustedes y qué duros de corazón para creer todo lo anunciado por los profetas! ¿Acaso no era necesario que el Mesías padeciera todo esto y así entrara en su gloria?" Y comenzando por Moisés y siguiendo con todos los profetas, les explicó todos los pasajes de la Escritura que se referían a él. Ya cerca del pueblo a donde se dirigían, él hizo como que iba más lejos; pero ellos le insistieron, diciendo: "Quédate con nosotros, porque ya es tarde y pronto va a oscurecer". Y entró para quedarse con ellos. Cuando estaban a la mesa, tomó un pan, pronunció la bendición, lo partió y se lo dio. Entonces se les abrieron los ojos y lo reconocieron, pero él se les desapareció. Y ellos se decían el uno al otro: "¡Con razón nuestro corazón ardía, mientras nos hablaba por el camino y nos explicaba las Escrituras!"

Se levantaron inmediatamente y regresaron a Jerusalén, donde encontraron reunidos a los Once con sus compañeros, los cuales les dijeron: "De veras ha resucitado el Señor y se le ha aparecido a Simón". Entonces ellos contaron lo que les había pasado por el camino y cómo lo habían reconocido al partir el pan.

CUANDO EL amigo está rico y le sonríe la fortuna, todo mundo está interesado en andar con él; pero cuando llega la adversidad, como por arte de magia desaparecen todos los famosos amigos. Las fuentes de agua se prueban en los años de sequía y las verdaderas amistades se prueban en los momentos de desgracia.

Los mismos discípulos de Emaús regresan de Jerusalén con la plena desilusión marcada en su conversación.

Por más que Jesús anunció la necesidad de sus padecimientos, para luego entrar en su gloria, todo parece haber sido inútil; María Magdalena, los apóstoles y ahora los discípulos de Emaús dan pruebas claras de no haber entendido sus palabras, pues ninguno de ellos espera la resurrección de Cristo. Sin embargo, la paciencia y pedagogía del Señor se ponen luego de manifiesto.

Lo más interesante es que a pesar de ya tener noticias de la resurrección, no dan muestras de entender de qué pueda tratarse. Sólo reconocen que están desconcertados y se retiran del lugar de los hechos.

Sin embargo, ante la actitud de Cristo de ir persona por persona, demostrándoles que está vivo, que en verdad ha resucitado, los cambios inmediatos no se dejan esperar. Los discípulos salen presurosos en plena noche para llevar la noticia a los apóstoles. La desilusión y fracaso con que regresaban a sus hogares se han vuelto entusiasmo desbordante y se transforman como por arte de magia en pregoneros de la resurrección del Señor. Curiosamente se encuentran con que la noticia que ellos llevan ya no es noticia, porque los once están ya enterados y ahora sólo les corresponde compartir su experiencia y corroborar lo que a ellos les ha tocado vivir. Ya juntos, refuerzan su fe y descubren el verdadero sentido de las palabras de Cristo, según las cuales nada ha sucedido que no haya sido anunciado; la diferencia es que ahora sí alcanzan a entender lo que tantas veces se les explicó. ■

VIVIENDO NUESTRA FE

Cuando las cosas en este mundo caminan bien, no nos cuesta andar al lado de Cristo. Pero en cuanto nos llegan los fracasos en lo económico, profesional, afectivo o político, es muy fácil que le demos la espalda al Señor y que no pocas veces lleguemos incluso al grito de "crucifícalo" porque no nos cumple nuestros antojos. La gente de nuestro tiempo, a pesar de haber pasado ya dos milenios de la venida de Cristo al mundo y de estarse predicando durante todo ese tiempo que el Reino de Cristo no es de este mundo, al igual que el pueblo de Israel seguimos a Cristo con la esperanza de alcanzar la salud del cuerpo o la solución milagrosa a nuestros problemas.

PREGUNTAS PARA REFLEXIONAR

1. ¿Cuántas veces has quedado desilusionado de un Cristo crucificado? ¿Por qué?

2. ¿Hasta dónde eres capaz de aceptar y valorar las experiencias que otros te dan de un Cristo resucitado?

3. ¿Cuál es tu actitud frente a Dios ante situaciones de desgracia o enfermedad?

LECTURAS SEMANALES: Hechos 6:8–15; 8:1b–8; 8:26–40; 9:1–20; 9:31–42.

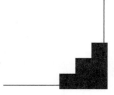

21 DE ABRIL DEL 2002

PRIMERA LECTURA

Hechos de los Apóstoles 2:14, 36–41

El día de Pentecostés, se presentó Pedro junto con los Once ante la multitud y levantando la voz, dijo: "Sepa todo Israel con absoluta certeza, que Dios ha constituido Señor y Mesías al mismo Jesús, a quien ustedes han crucificado".

Estas palabras les llegaron al corazón y preguntaron a Pedro y a los demás apóstoles: "¿Qué tenemos que hacer, hermanos?" Pedro les contestó: "Arrepiéntanse y bautícense en el nombre de Jesucristo para el perdón de sus pecados y recibirán el Espíritu Santo. Porque las promesas de Dios valen para ustedes y para sus hijos y también para todos los paganos que el Señor, Dios nuestro, quiera llamar, aunque estén lejos".

Con éstas y otras muchas razones, los instaba y exhortaba, diciéndoles: "Pónganse a salvo de este mundo corrompido". Los que aceptaron sus palabras se bautizaron, y aquel día se les agregaron unas tres mil personas.

SEGUNDA LECTURA

1 Pedro 2:20–25

Hermanos: Soportar con paciencia los sufrimientos que les vienen a ustedes por hacer el bien, es cosa agradable a los ojos de Dios, pues a esto han sido llamados, ya que también Cristo sufrió por ustedes y les dejó así un ejemplo para que sigan sus huellas.

Él no cometió pecado ni hubo engaño en su boca; insultado, no devolvió los insultos; maltratado, no profería amenazas, sino que encomendaba su causa al único que juzga con justicia; cargado con nuestros pecados, subió al madero de la cruz, para que, muertos al pecado, vivamos para la justicia.

Por sus llagas ustedes han sido curados, porque ustedes eran como ovejas descarriadas, pero ahora han vuelto al pastor y guardián de sus vidas.

EVANGELIO

Juan 10:1–10

En aquel tiempo, Jesús dijo a los fariseos: "Yo les aseguro que el que no entra por la puerta del redil de las ovejas, sino que salta por otro lado, es un ladrón, un bandido; pero el que entra por la puerta, ése es el pastor de las ovejas. A ése le abre el que cuida la puerta, y las ovejas reconocen su voz; él llama a cada una por su nombre y las conduce afuera. Y cuando ha sacado a todas sus ovejas, camina delante de ellas, y ellas lo siguen, porque conocen su voz. Pero a un extraño no lo seguirán, sino que huirán de él, porque no conocen la voz de los extraños".

Jesús les puso esta comparación, pero ellos no entendieron lo que les quería decir. Por eso añadió: "Les aseguro que yo soy la puerta de las ovejas. Todos los que han venido antes que yo, son ladrones y bandidos; pero mis ovejas no los han escuchado.

Yo soy la puerta; quien entre por mí se salvará, podrá entrar y salir y encontrará pastos. El ladrón sólo viene a robar, a matar y a destruir. Yo he venido para que tengan vida y la tengan en abundancia".

EN VARIAS ocasiones, Jesús utiliza la imagen del pastor para definirse a sí mismo. Era una imagen conocida plenamente en su tiempo. Desde los niños hasta los ancianos conocían perfectamente lo que era un pastor. Desgraciadamente, para la gente de nuestro tiempo, sobre todo en las grandes ciudades, ya no le dice gran cosa esta imagen porque de ordinario jamás se ha tenido la experiencia de ver a un pastor guiando a sus ovejas.

Cuando Cristo nos habla de la figura del pastor de las ovejas, que las conoce y ama una a una. Conoce su historia y existe una gran relación de afecto entre ambos, de tal forma que el pastor es capaz de poner en riesgo su vida por tal de salvar una de las ovejas. El pastor es el signo de protección para todo el rebaño. Las ovejas lo siguen sin el menor temor. Saben que él estará siempre dispuesto a defenderlas de cualquier peligro. Va siempre al frente atento a cualquier signo de peligro para su rebaño. Su preocupación es llevarlas cada día a los mejores pastos. Es tan bueno que si una no llega, deja el resto y va a buscar a la oveja perdida.

Cristo es el pastor del rebaño de su Iglesia. Fue capaz de dar su vida por salvar la nuestra. Se ha preocupado de tal forma por la salud y alimentación de su rebaño que Él mismo se transformó en alimento y bebida.

Quienes tengan fe y confianza en este pastor, nada les faltará. Aun en los momentos más difíciles y complejos de la vida, yendo de la mano de nuestro pastor nada debemos temer.

Si eres oveja, no debes temer ante los lobos o fieras más salvajes, porque la vara y el cayado de tu pastor te darán seguridad. Los cristianos, cuando aceptan su condición de ovejas bajo el cayado de su pastor que es Cristo, no deben tener el más mínimo temor ante los enemigos más temidos de la fe cristiana. Aunque sean triturados por las fauces de las fieras humanas, mediante las injusticias y diversas formas de explotación; aunque lleguen a ser incluso martirizados por no renunciar a su fe, deben tener la plena seguridad del triunfo definitivo en Cristo. El día de la resurrección de los muertos resurgirán victoriosos y triunfantes e irán al encuentro de su Señor a recibir la corona de la gloria, mientras que verán a sus enemigos precipitarse en el abismo. ■

VIVIENDO NUESTRA FE

Ante la situación de nuestro mundo, saturado de falsos pastores, estamos obligados a saber distinguir perfectamente la voz del único y verdadero pastor. Si queremos tener la garantía de nuestra salvación eterna, no nos queda alternativa sino encontrarnos con Cristo, quien nos dice que él es la puerta del redil. Todos los demás son ladrones y salteadores. Lo único que les interesa de las ovejas son su leche y su lana; son pastores que se hacen ricos a costa del rebaño. Buscan las ovejas no para darles vida y cuidarlas, sino para sacrificarlas y aprovecharse de ellas. ¡Qué importante es en nuestro tiempo saber distinguir la voz del verdadero pastor!

PREGUNTAS PARA REFLEXIONAR

1. ¿Cuáles pastores buenos conoces? ¿Qué te impresiona de ellos?

2. ¿Cuáles serían los falsos pastores de nuestro tiempo?

3. ¿Crees que para salvarte necesitas ser parte de la Iglesia? ¿Por qué?

LECTURAS SEMANALES: Hechos 11:1–18; 11:19–26; 12:24—13:5a; 1 Pedro 5:5b–14; Hechos 13: 26–33:13:44–52.

28 DE ABRIL DEL 2002

Hechos de los Apóstoles 6:1-7

En aquellos días, como aumentaba mucho el número de los discípulos, hubo ciertas quejas de los judíos griegos contra los hebreos, de que no se atendía bien a sus viudas en el servicio de caridad de todos los días.

Los Doce convocaron entonces a la multitud de los discípulos y les dijeron: "No es justo que, dejando el ministerio de la palabra de Dios, nos dediquemos a administrar los bienes. Escojan entre ustedes a siete hombres de buena reputación, llenos del Espíritu Santo y de sabiduría, a los cuales encargaremos este servicio. Nosotros nos dedicaremos a la oración y al servicio de la palabra".

Todos estuvieron de acuerdo y eligieron a Esteban, hombre lleno de fe y del Espíritu Santo, a Felipe, Prócoro, Nicanor, Timón, Pármenas y Nicolás, prosélito de Antioquía. Se los presentaron a los apóstoles y éstos, después de haber orado, les impusieron las manos.

Mientras tanto, la palabra de Dios iba cundiendo. En Jerusalén se multiplicaba grandemente el número de los discípulos. Incluso un grupo numeroso de sacerdotes había aceptado la fe.

1 Pedro 2:4-9

Juan 14:1-12

En aquel tiempo, Jesús dijo a sus discípulos: "No pierdan la paz. Si creen en Dios, crean también en mí. En la casa de mi Padre hay muchas habitaciones. Si no fuera así, yo se lo habría dicho a ustedes, porque voy a prepararles un lugar. Cuando me vaya y les prepare un sitio, volveré y los llevaré conmigo, para que donde yo esté, estén también ustedes. Y ya saben el camino para llegar al lugar a donde voy".

Entonces Tomás le dijo: "Señor, no sabemos a dónde vas, ¿cómo podemos saber el camino?" Jesús le respondió: "Yo soy el camino, la verdad y la vida. Nadie va al Padre si no es por mí. Si ustedes me conocen a mí, conocen también a mi Padre. Ya desde ahora lo conocen y lo han visto".

Le dijo Felipe: "Señor, muéstranos al Padre y eso nos basta". Jesús le replicó: "Felipe, tanto tiempo hace que estoy con ustedes, ¿y todavía no me conoces? Quien me ha visto a mí, ha visto al Padre. ¿Entonces por qué dices: 'Muéstranos al Padre'? ¿O no crees que yo estoy en el Padre y que el Padre está en mí? Las palabras que yo les digo, no las digo por mi propia cuenta. Es el Padre, que permanece en mí, quien hace las obras. Créanme: yo estoy en el Padre y el Padre está en mí. Si no me dan fe a mí, créanlo por las obras. Yo les aseguro: el que crea en mí, hará las obras que hago yo y las hará aún mayores, porque yo me voy al Padre".

 **CRISTO JESÚS** es el camino para llegar al Padre. Él, que vino del Padre y regresa al Padre, es el mejor guía que podemos tener para nuestro encuentro definitivo con Dios. Pero el camino que Cristo nos dejó está claramente marcado con las huellas de su sangre. Significa que no hay camino fácil para llegar a Dios, pues hay que seguir un camino de negación. No inventemos, no nos esforcemos por encontrar otros caminos; está más que claro el que Cristo ha trazado: primero hay que padecer y morir para luego entrar en la gloria.

Cuando nos lanzamos a una búsqueda desenfrenada de placeres terminamos esclavizados a los vicios, que no pocas veces causan incluso la muerte. El alcohol, la droga, el cigarro, la avaricia, la lujuria, el robo, la violencia, el racismo, el aplastar a los demás, etcétera. Cada una de estas se presentan con un atractivo deslumbrante, y tarde o temprano llevan a graves consecuencias. Pero la peor de las desgracias es que no sólo lleva a la muerte física, sino que ponen en grave riesgo de perderse para siempre.

Los mandamientos de Dios, que aparentemente se ven como algo muy difícil de llevar a cabo, no son más que la sabiduría divina puesta a nuestro servicio. ¿Cuántos hermanos, en su miedo de cumplir los mandamientos, se lanzan en la búsqueda de los vicios y placeres, viéndolos como caminos fáciles de felicidad, pero lo único que consiguen es terminar esclavizados y caminar hacia su propia destrucción?

En un mundo en que se ha puesto de moda la cultura de la muerte, Cristo se nos presenta como el único camino hacia la vida verdadera frente a un mundo de violencia, crimen y perversión, donde las ambiciones de dinero, placer y poder están muy por encima de la vida humana.

Año con año millones de seres humanos se ven privados de venir a este mundo porque un ejército inmenso de asesinos acecha cada segundo. La explotación del hombre por el hombre se mantiene en pie. Sólo Cristo como Buen Pastor es capaz de dar la vida por sus ovejas, llevarlas a pastos abundantes y a abrevaderos cristalinos. Nadie más. ∎

VIVIENDO NUESTRA FE

Nuestra generación se ha embriagado con los logros de la ciencia y de la técnica. Se ha endiosado a sí misma con la carrera espacial y armamentista, y no acepta nada que no esté científicamente comprobado. Se burla de los misterios y de las cuestiones de fe, juzgándolas como alimento de la gente ignorante. Sin embargo, Dios sigue llamado nuestra atención sobre infinidad de cosas que seguirán siendo misterio y que sobrepasan su capacidad. La máxima conquista de esta generación no podrá ser otra sino el gozo eterno en el Señor.

PREGUNTAS PARA REFLEXIONAR

1. ¿Cuáles son los caminos por los que este mundo busca la verdad?

2. ¿Qué verdades nos ofrece este mundo?

3. ¿Cuál es la verdad que con tu fe y testimonio ofreces al mundo que te rodea?

LECTURAS SEMANALES: Hechos 14:15–18; 14:19–28; 15:1–6; 15:7–21; 1 Corintios 15:1–8; 16:1–10.

5 DE MAYO DEL 2002

PRIMERA LECTURA

Hechos de los Apóstoles 8:5-8,14-17

En aquellos días, Felipe bajó a la ciudad de Samaria y predicaba allí a Cristo. La multitud escuchaba con atención lo que decía Felipe, porque habían oído hablar de los milagros que hacía y los estaban viendo: de muchos poseídos salían los espíritus inmundos, lanzando gritos, y muchos paralíticos y lisiados quedaban curados. Esto despertó gran alegría en aquella ciudad.

Cuando los apóstoles que estaban en Jerusalén se enteraron de que Samaria había recibido la palabra de Dios, enviaron allá a Pedro y a Juan. Estos, al llegar, oraron por los que se habían convertido, para que recibieran al Espíritu Santo, porque aún no lo habían recibido y solamente habían sido bautizados en el nombre del Señor Jesús. Entonces Pedro y Juan impusieron las manos sobre ellos, y ellos recibieron al Espíritu Santo.

SEGUNDA LECTURA

1 Pedro 3:15-18

Hermanos: Veneren en sus corazones a Cristo, el Señor, dispuestos siempre a dar, al que las pidiere, las razones de la esperanza de ustedes. Pero háganlo con sencillez y respeto y estando en paz con su conciencia. Así quedarán avergonzados los que denigran la conducta cristiana de ustedes, pues mejor es padecer haciendo el bien, si tal es la voluntad de Dios, que padecer haciendo el mal. Porque también Cristo murió, una sola vez y para siempre, por los pecados de los hombres: él, el justo, por nosotros, los injustos, para llevarnos a Dios; murió en su cuerpo y resucitó glorificado.

EVANGELIO

Juan 14:15-21

En aquel tiempo, Jesús dijo a sus discípulos: "Si me aman, cumplirán mis mandamientos; yo le rogaré al Padre y él les enviará otro Consolador que esté siempre con ustedes, el Espíritu de verdad. El mundo no puede recibirlo, porque no lo ve ni lo conoce; ustedes, en cambio, sí lo conocen, porque habita entre ustedes y estará en ustedes.

No los dejaré desamparados, sino que volveré a ustedes. Dentro de poco, el mundo no me verá más, pero ustedes sí me verán, porque yo permanezco vivo y ustedes también vivirán. En aquel día entenderán que yo estoy en mi Padre, ustedes en mí y yo en ustedes.

El que acepta mis mandamientos y los cumple, ése me ama. Al que me ama a mí, lo amará mi Padre, yo también lo amaré y me manifestaré a él".

JUEVES 9 DE MAYO DEL 2002
La Ascensión del Señor

Hechos 1:1-11
En presencia de ellos, fue levantado.

Efesios 1:17-23
Lo hizo sentar a su lado, en los cielos.

Mateo 28:16-20
Todo poder se me ha dado en el cielo y en la tierra.

LOS MANDAMIENTOS dan la apariencia de ser normas difíciles de cumplir. Incluso hay personas que llegan a creer que eso es imposible de vivir, de manera especial ahora que vivimos en un mundo donde todos andamos en la búsqueda de un placer fácil. A la hora que se trata de sufrir un poco, por el motivo que sea, nos parece algo anacrónico, pasado de moda.

Sin embargo, la realidad es completamente distinta. Cada persona que, sacándole la vuelta al cumplimiento de los mandamientos, se lanza de forma voraz y desbocada por los caminos del placer, en poco tiempo termina encadenada a los vicios; cuando quiere salir, ya es demasiado tarde. Basta mirar en torno nuestro a esas personas que se dejan llevar por los vicios del alcohol, droga, ambición, lujuria y un deseo desenfrenado por el poder. ¿Cuántas personas llegan a un momento en que, bañados en lágrimas, quisieran librarse de estos vicios? Pero ya es demasiado tarde, pues terminan completamente esclavizados a tal grado que, por más que sus familiares y amigos los invitan a librarse de esa esclavitud, ya no tienen fuerzas e incluso parece imposible salir de esa situación.

Los caminos del placer son anchos, espaciosos y llenos de atractivos. Fácilmente se deja seducir la gente, pero cuando menos lo espera se da cuenta de que son caminos de muerte, y no sólo muerte física o temporal, sino que nos arrastran a la muerte definitiva y eterna. En el cumplimiento de los mandamientos, que de momento dan la impresión de ser algo difícil, sucede todo lo contrario. Cada paso que damos en el cumplimiento de estas normas divinas nos va llevando de la mano a la plena libertad y realización, ya que estas normas no son sino la sabiduría divina puesta al servicio de la persona. Quien es capaz de cumplirlos lleva en lo más profundo de su ser una paz y tranquilidad incomparable, y va directo a la verdadera vida, empezando su goce en esta tierra.

Quien se aleja de los mandamientos se convierte en una carga insoportable para todos los que lo rodean y para sí mismo. Con frecuencia termina solo, sumido en una gran depresión, pues no sólo se alejó de Dios, sino que también se alejó de su prójimo.

Es fácil la vivencia de los mandamientos cuando se viven por amor. ¿Quién de nosotros no es capaz de hacer cualquier cosa sólo por agradar a la persona amada? ■

VIVIENDO NUESTRA FE

Quien se droga, pronto pierde la conciencia de lo que hace y se pone en graves riesgos de perder la vida o poner en peligro la vida de muchos otros, especialmente la de aquellos a quienes más debería amar. La ambición desmedida lleva a cometer graves injusticias y faltas contra la caridad. El desenfreno sexual, tarde o temprano nos lleva a cometer delitos que perjudican gravemente a la sociedad, especialmente a nuestra familia inmediata. Sólo quien cumple los mandamientos podrá tener un corazón según el plan de Dios.

PREGUNTAS PARA REFLEXIONAR

1. ¿Hay una manera más sencilla de cumplir los mandamientos?

2. ¿Qué implicaciones sociales tiene la vivencia de los mandamientos?

3. ¿Cuál es el mandamiento más importante? ¿Por qué?

LECTURAS SEMANALES: Hechos 16:11–15; 16:22–34; 17:15,22—18:1; 1:1–11; 18:9–18; 18:23–38.

PRIMERA LECTURA

Hechos de los Apóstoles 1:12-14

Después de la ascensión de Jesús a los cielos, los apóstoles regresaron a Jerusalén desde el monte de los Olivos, que dista de la ciudad lo que se permite caminar en sábado. Cuando llegaron a la ciudad, subieron al piso alto de la casa donde se alojaban, Pedro y Juan, Santiago y Andrés, Felipe y Tomás, Bartolomé y Mateo, Santiago (el hijo de Alfeo), Simón el cananeo y Judas, el hijo de Santiago. Todos ellos perseveraban unánimes en la oración, junto con María, la madre de Jesús, con los parientes de Jesús y algunas mujeres.

SEGUNDA LECTURA

1 Pedro 4:13-16

Queridos hermanos: Alégrense de compartir ahora los padecimientos de Cristo, para que, cuando se manifieste su gloria, el júbilo de ustedes sea desbordante. Si los injurian por el nombre de Cristo, ténganse por dichosos, porque la fuerza y la gloria del Espíritu de Dios descansa sobre ustedes. Pero que ninguno de ustedes tenga que sufrir por criminal, ladrón, malhechor, o simplemente por entrometido. En cambio, si sufre por ser cristiano, que le dé gracias a Dios por llevar ese nombre.

EVANGELIO

Juan 17:1-11

En aquel tiempo, Jesús levantó los ojos al cielo y dijo: "Padre, ha llegado la hora. Glorifica a tu Hijo, para que tu Hijo también te glorifique, y por el poder que le diste sobre toda la humanidad, dé la vida eterna a cuantos le has confiado. La vida eterna consiste en que te conozcan a ti, único Dios verdadero, y a Jesucristo, a quien tú has enviado.

Yo te he glorificado sobre la tierra, llevando a cabo la obra que me encomendaste. Ahora, Padre, glorifícame en ti con la gloria que tenía, antes de que el mundo existiera.

He manifestado tu nombre a los hombres que tú tomaste del mundo y me diste. Eran tuyos y tú me los diste. Ellos han cumplido tu palabra y ahora conocen que todo lo que me has dado viene de ti, porque yo les he comunicado las palabras que tú me diste; ellos las han recibido y ahora reconocen que yo salí de ti y creen que tú me has enviado.

Te pido por ellos; no te pido por el mundo, sino por éstos, que tú me diste, porque son tuyos. Todo lo mío es tuyo y todo lo tuyo es mío. Yo he sido glorificado en ellos. Ya no estaré más en el mundo, pues voy a ti; pero ellos se quedan en el mundo".

MARTES 14 DE MAYO DEL 2002
San Matías, Apóstol

Hechos 1:15-17, 20-26
Echaron suertes, le tocó a Matías y lo asociaron a los once Apóstoles.

San Juan 15:9-17
No son ustedes los que me han elegido, soy yo quien los ha elegido.

EN LA PRIMERA comunidad cristiana, pedir el bautismo era pedir el pasaporte hacia la muerte. Pues el testimonio de ellos era tan evidente que era imposible que pasaran desapercibidos, pero esa muerte fue semilla de nuevos conversos al cristianismo. Para nosotros, hoy no representa ningún riesgo el ser bautizados, aunque el compromiso sigue siendo igual de fuerte. ¿Cómo podríamos ser un verdadero testimonio de nuestra fe en Cristo en medio de nuestro ambiente? ¿Qué impacto tiene nuestro estilo de vida en la sociedad que se empeña en vivir como si Dios no existiera? Esas cuestiones son las que deberían encontrar una respuesta convincente en las vivencias de nuestros compromisos bautismales, en nuestra aceptación de Dios y en nuestra renuncia al mal y a todas sus implicaciones.

Un aspecto importante en la vivencia bautismal es la comunidad. No se puede ser bautizado sin estar vinculado a una comunidad, pues la reunión de los bautizados es lo que forma la Iglesia. Tanto los frutos como los desafíos de un bautizado se viven en comunidad, donde estamos llamados a ser fermento de vida, a ser testimonio de que el pecado y todas sus manifestaciones continuamente mueren en nosotros y que juntos buscamos ser semillas del Reino iniciado por Jesús.

El camino a la glorificación ha quedado plenamente marcado por Cristo al morir en la cruz. Sólo muriendo al pecado podremos tener esperanzas de resucitar a la vida verdadera para reunirnos con Cristo triunfante a la derecha del Padre, donde se encuentra con la misma gloria que tenía antes de venir al mundo. Cristo ha glorificado al Padre en este mundo, llevando a cabo la obra que le fue encomendada.

Qué difícil es sobrellevar los sufrimientos y desgracias que nos toca vivir en esta vida. Ordinariamente se nos hace casi imposible aguantar la más mínima crítica y ofensa. Mientras nos toque sufrir por ser cristianos, deberíamos tomarlo como una gracia y bendición del Señor al poder compartir sus sufrimientos; malo sería que nuestros sufrimientos en esta vida nos vinieran como consecuencia del pecado, por ladrones, lujuriosos, vengativos, envidiosos, celosos, etcétera. ■

VIVIENDO NUESTRA FE

El mejor camino para disponernos a la venida del Espíritu Santo, en la fiesta ya próxima de Pentecostés, es estar unidos en la oración al igual que María y los apóstoles. Además, si queremos ser glorificados con Cristo, no tenemos alternativa sino crucificarnos con él en lo alto de la cruz, muriendo a nuestro egoísmo, y a cuanto pueda arrastrarnos al pecado, para poder resucitar a la verdadera vida. Así como Cristo ha sido fuente de salvación y vida eterna para la humanidad entera al morir en la cruz, así también nosotros, si sabemos morir al pecado, podremos ser fuente de salvación para quienes nos rodean.

PREGUNTAS PARA REFLEXIONAR

1. ¿Le encuentras sentido al sufrimiento?

2. ¿Sabes sobrellevar con fe y amor las flaquezas de tus prójimos?

3. ¿Qué tanto te esfuerzas por dar muerte a tus vicios y pasiones?

LECTURAS SEMANALES: Hechos 1:12–14; 19:15–17, 20–26; 20:28–38; 22:30; 23:6–11; 25:13b–21; 28:16–20, 30–31.

19 DE MAYO DEL 2002

Hechos de los Apóstoles 2:1-11

El día de Pentecostés, todos los discípulos estaban reunidos en un mismo lugar. De repente se oyó un gran ruido que venía del cielo, como cuando sopla un viento fuerte, que resonó por toda la casa donde se encontraban. Entonces aparecieron lenguas de fuego, que se distribuyeron y se posaron sobre ellos; se llenaron todos del Espíritu Santo y empezaron a hablar en otros idiomas, según el Espíritu los inducía a expresarse.

En esos días había en Jerusalén judíos devotos, venidos de todas partes del mundo. Al oír el ruido, acudieron en masa y quedaron desconcertados, porque cada uno los oía hablar en su propio idioma.

Atónitos y llenos de admiración, preguntaban: "¿No son galileos todos estos que están hablando? ¿Cómo, pues, los oímos hablar en nuestra lengua nativa? Entre nosotros hay medos, partos y elamitas; otros vivimos en Mesopotamia, Judea, Capadocia, en el Ponto y en Asia, en Frigia y en Panfilia, en Egipto o en la zona de Libia que limita con Cirene. Algunos somos visitantes, venidos de Roma, judíos y prosélitos; también hay cretenses y árabes. Y sin embargo, cada quien los oye hablar de las maravillas de Dios en su propia lengua".

1 Corintios 12:3b-7,12-13

Hermanos: Nadie puede llamar a Jesús "Señor", si no es bajo la acción del Espíritu Santo.

Hay diferentes dones, pero el Espíritu es el mismo. Hay diferentes servicios, pero el Señor es el mismo. Hay diferentes actividades, pero Dios, que hace todo en todos, es el mismo. En cada uno se manifiesta el Espíritu para el bien común.

Porque así como el cuerpo es uno y tiene muchos miembros y todos ellos, a pesar de ser muchos, forman un solo cuerpo, así también es Cristo. Porque todos nosotros, seamos judíos o no judíos, esclavos o libres, hemos sido bautizados en un mismo Espíritu para formar un solo cuerpo, y a todos se nos ha dado a beber del mismo Espíritu.

Juan 20:19-23

Al anochecer del día de la resurrección, estando cerradas las puertas de la casa donde se hallaban los discípulos, por miedo a los judíos, se presentó Jesús en medio de ellos y les dijo: "La paz esté con ustedes". Dicho esto, les mostró las manos y el costado. Cuando los discípulos vieron al Señor, se llenaron de alegría. De nuevo les dijo Jesús: "La paz esté con ustedes. Como el Padre me ha enviado, así también los envío yo".

Después de decir esto, sopló sobre ellos y les dijo: "Reciban al Espíritu Santo. A los que les perdonen los pecados, les quedarán perdonados; y a los que no se los perdonen, les quedarán sin perdonar".

 **EL ESPÍRITU** Santo no se percibe con los ojos del cuerpo, pero los efectos de su presencia aparecen a la vista de inmediato. La transformación realizada en los apóstoles el día de Pentecostés es algo que a nadie le puede pasar desapercibido. Un grupo de apóstoles, que tras la muerte de su jefe quedaron reducidos a la más mínima expresión, escondidos y temerosos de que les pasara lo mismo que a su maestro, estaban ocultos en el cenáculo sin saber qué hacer.

Sin embargo, una vez que el Espíritu Santo se hace presente en su vida, surgen cambios que nadie hubiera podido predecir. En cuanto reciben al Espíritu Santo, desaparecen por completo sus temores y salen predicando abiertamente ante las multitudes que, sorprendidas por aquel ruido extraño, llegan de todas las direcciones y se aglutinan frente al cenáculo para escuchar una explicación de lo acontecido. Pedro toma la palabra con una lucidez inaudita y con una firmeza sorprendente, se dirige a la masa absorta para decirles con toda claridad que Jesús, a quien ellos llevaron a la muerte, el Dios de nuestros padres lo ha resucitado. Pedro, el líder del grupo, habla en su propia lengua; sin embargo, quienes lo escuchan, siendo de cultura y lengua muy diversas, lo escuchan como si hablara en su propia lengua.

La presencia del Espíritu Santo ilumina y fortalece. Estos pobres hombres, que habían quedado completamente confundidos después de la muerte de Cristo, ahora en este día de Pentecostés sorprenden al mundo con una claridad y firmeza en lo que anuncian. Los temores desaparecen por completo y a partir de este momento jamás dejarán de anunciar el mensaje de Jesús a pesar de todas las contrariedades venideras, incluso su propio martirio.

Jesús se revela nuevamente a ellos con la infusión del Espíritu Santo; así entenderían plenamente lo anunciado por Jesús mientras estuvo con ellos. Ahora se ve claro que la presencia del Espíritu los ha transformado de manera inconcebible desde el punto de vista humano. Éste es el nacimiento de la Iglesia animada por el Espíritu Santo; de ser una Iglesia encerrada en el temor y con miedo a la muerte, se transforma en una Iglesia de caminos que sale a proclamar el mensaje de Jesús, el mensaje del resucitado. ■

VIVIENDO NUESTRA FE

Ordinariamente no perdemos por completo la conciencia de la necesidad de respirar; lo hacemos de forma tan natural y espontánea que ni siquiera nos damos cuenta. Pero en cuanto nos falta el oxígeno por la razón que sea, de inmediato buscamos por todos los medios un remedio a un mal tan grande. El Espíritu Santo se hace presente en nuestra vida iluminando nuestras dudas y fortaleciendo nuestras cobardías para salir airosos de las situaciones más difíciles por las que con frecuencia tenemos que atravesar en esta vida. ¿Somos conscientes de eso?

PREGUNTAS PARA REFLEXIONAR

1. ¿Qué cambios notas en los apóstoles antes y después de la venida del Espíritu Santo?

2. ¿Qué nos quiere decir el Señor con la experiencia de Pedro, que habla en su propia lengua y le entiende cada uno en la suya?

3. ¿De qué manera has experimentado la presencia del Espíritu Santo en tu vida?

4. ¿Cómo te gustaría que los grupos de renovación hicieran sus reuniones?

LECTURAS SEMANALES: Josué 3:13–18; 4:1–10; 4:14–17; 5:1–6; 5:9–12; 5:13–20.

VERANO Y OTOÑO
DEL TIEMPO ORDINARIO

Salmo 65

2, 11–14

En Sión te alabaremos, oh Dios,
en Jerusalén cumpliremos nuestros votos.

Tú preparas la tierra de esta forma:
vas regando sus surcos,
rompiendo sus terrones;
con las lluvias la ablandas
y bendices sus siembras.

Terminas felizmente tu buen año.
Las ruedas de tu carro
van chorreando abundancia;
el suelo del desierto está mojado,
los cerros se revisten de verdor.
Sus praderas se llenan de rebaños
y los valles se cubren de trigales;
todos cantan y saltan de alegría.

26 DE MAYO DEL 2002

Éxodo 34:4-6, 8-9

En aquellos días, Moisés subió de madrugada al monte Sinaí, llevando en la mano las dos tablas de piedra, como le había mandado el Señor. El Señor descendió en una nube y se le hizo presente.

Moisés pronunció entonces el nombre del Señor, y el Señor, pasando delante de él, proclamó: "Yo soy el Señor, el Señor Dios, compasivo y clemente, paciente, misericordioso y fiel".

Al instante, Moisés se postró en tierra y lo adoró, diciendo: "Si de veras he hallado gracia a tus ojos, dígnate venir ahora con nosotros, aunque este pueblo sea de cabeza dura; perdona nuestras iniquidades y pecados, y tómanos como cosa tuya".

2 Corintios 13, 11-14

Hermanos: Estén alegres, trabajen por su perfección, anímense mutuamente, vivan en paz y armonía. Y el Dios del amor y de la paz estará con ustedes.

Salúdense los unos a los otros con el saludo de paz. Los saludan todos los fieles.

La gracia de nuestro Señor Jesucristo, el amor del Padre y la comunión del Espíritu Santo estén siempre con ustedes.

Juan 3:16-18

"Tanto amó Dios al mundo, que le entregó a su Hijo único, para que todo el que crea en él no perezca, sino que tenga la vida eterna. Porque Dios no envió a su Hijo para condenar al mundo, sino para que el mundo se salvara por él. El que cree en él no será condenado; pero el que no cree ya está condenado, por no haber creído en el Hijo único de Dios".

VIERNES 31 DE MAYO DEL 2002
La Visitación de la Virgen María

Sofonías 3:14-18
El Señor será el rey de Israel dentro de ti.

Romanos 12:9-16
Ayuden a los hermanos en sus necesidades y esmérense en la hospitalidad.

San Lucas 1:39-56
¿Quién soy yo para que la madre de mi Señor venga a verme?

 **LA SABIDURÍA** divina se manifiesta claramente en la manera en que se fue revelando a la humanidad. Dios nuestro Señor fue revelándonos su divinidad de tal manera que la pudiéramos ir captando y aceptando gradualmente. Sabemos claramente que la persona que se proponga meter a Dios en su cabeza terminará por explotar, pues las limitaciones humanas jamás podrán entender lo que es Dios en sí mismo.

Sin embargo, Dios, conocedor perfecto de su obra, inicia un plan de revelación con una pedagogía divina que sólo Él lo puede hacer. Frente a un mundo politeísta, donde cada pueblo y nación tienen sus propios dioses, Dios elige a un hombre y lo saca de su tierra, prometiéndole una tierra nueva, hacerlo padre de un gran pueblo y darle una ancianidad feliz, porque quiere un pueblo que lo represente aquí en la tierra como el único Dios verdadero frente a esa infinidad de dioses.

Inicia el proceso de revelación dándose a conocer como el único Dios verdadero y la forma que utiliza para convencer a los suyos es manifestándose como un Dios fuerte y poderoso, venciendo en todo a los dioses falsos y dándose a conocer por su propio pueblo. Multiplica los signos y maravillas ante el pueblo que va formando, a tal grado que el mismo pueblo le suplica que no les hable directamente porque temen morir; prefieren que les hable a través de Moisés. En todo el Antiguo Testamento, la imagen que el pueblo se hace de su Dios es la de un ser fuerte y poderoso, a quien se debe obedecer si se tiene ganas de seguir viviendo. A su vez, es un Dios inmensamente justo que castiga las culpas de ellos hasta la quinta generación, pero es más misericordia que justicia pues recuerda a quienes son fieles a sus mandatos.

Al cumplirse la plenitud de los tiempos, Dios envía a su propio Hijo para la salvación de la humanidad, cambiando por completo el rostro que la humanidad se había hecho de Él y ahora se nos presenta con la inocencia y candor de un recién nacido. Con esto se logra la máxima cercanía de Dios con sus criaturas; el Nuevo Testamento ofrece un rostro completamente nuevo de Dios para la humanidad en Cristo Nuestro Señor, pues en él encontramos la experiencia totalmente humana, libre del pecado.

Es así como se da a conocer que Dios no es un ser solitario, sino una comunidad de amor. ∎

VIVIENDO NUESTRA FE

Para nosotros, después de revelarnos Dios mismo su Trinidad de personas, es más sencillo aceptarlo, no porque lo podamos entender, sino porque la fe así nos lo dice. Desde el día de nuestro bautismo nos hemos convertido en templo y sagrario de la Santísima Trinidad, y mientras no pequemos gravemente, tenemos asegurada su presencia en lo más íntimo de nuestra vida. En el persignado nos encomendamos a la Santísima Trinidad, y en el santo rosario al final de cada misterio, damos gloria a la Santísima Trinidad. Conservemos pues nuestra fe y unámosla a nuestras prácticas de piedad popular.

PREGUNTAS PARA REFLEXIONAR

1. ¿Te das cuenta de que muchas personas no tienen ni idea de lo que es la Santísima Trinidad? ¿A qué se debe?

2. ¿Por qué crees que Dios no se reveló de inmediato en su Trinidad de personas?

LECTURAS SEMANALES: Éxodo 34:4b–6, 8–9; 1 Pedro 1:3–9; 1:10–16; 1:18–25; 2:2–5, 9–12; Sofonías 3:14–18; Judas 17:20b–25.

2 DE JUNIO DEL 2002

Deuteronomio 8:2–3,14–16

En aquel tiempo, habló Moisés al pueblo y le dijo: "Recuerda el camino que el Señor, tu Dios, te ha hecho recorrer estos cuarenta años por el desierto, para afligirte, para ponerte a prueba y conocer si ibas a guardar sus mandamientos o no.

Él te afligió, haciéndote pasar hambre, y después te alimentó con el maná, que ni tú ni tus padres conocían, para enseñarte que no sólo de pan vive el hombre, sino también de toda palabra que sale de la boca de Dios.

No sea que te olvides del Señor, tu Dios, que te sacó de Egipto y de la esclavitud; que te hizo recorrer aquel desierto inmenso y terrible, lleno de serpientes y alacranes; que en una tierra árida hizo brotar para ti agua de la roca más dura, y que te alimentó en el desierto con un maná que no conocían tus padres".

1 Corintios 10:16–17

Hermanos: El cáliz de la bendición con el que damos gracias, ¿no nos une a Cristo por medio de su sangre? Y el pan que partimos, ¿no nos une a Cristo por medio de su cuerpo? El pan es uno, y así nosotros, aunque somos muchos, formamos un solo cuerpo, porque todos comemos del mismo pan.

Juan 6:51–58

En aquel tiempo, Jesús dijo a los judíos: "Yo soy el pan vivo que ha bajado del cielo; el que coma de este pan vivirá para siempre. Y el pan que yo les voy a dar es mi carne para que el mundo tenga vida".

Entonces los judíos se pusieron a discutir entre sí: "¿Cómo puede éste darnos a comer su carne?"

Jesús les dijo: "Yo les aseguro: Si no comen la carne del Hijo del hombre y no beben su sangre, no podrán tener vida en ustedes. El que come mi carne y bebe mi sangre, tiene vida eterna y yo lo resucitaré el último día.

Mi carne es verdadera comida y mi sangre es verdadera bebida. El que come mi carne y bebe mi sangre, permanece en mí y yo en él. Como el Padre, que me ha enviado, posee la vida y yo vivo por él, así también el que me come vivirá por mí.

Este es el pan que ha bajado del cielo; no es como el maná que comieron sus padres, pues murieron. El que come de este pan vivirá para siempre".

VIERNES 7 DE JUNIO DEL 2002
El Sagrado Corazón de Jesús

Ezequiel 34:11–16
Yo mismo cuidaré mis ovejas y las haré descansar.

Romanos 5:5–11
Dios nos demostró su amor.

San Lucas 15:3–7
Alégrense conmigo, porque encontré la oveja que se me había perdido.

 **ÉSTE ES** el día de la profesión pública de fe en la presencia de Cristo en el sacramento de la eucaristía. Los pueblos de América Latina se vuelcan a las calles en una manifestación pública de su amor y devoción al Santísimo Sacramento. Altares, alfombras, tapetes y esparcir de pétalos y perfumes por todo el recorrido son sólo una muestra de la fe profunda del pueblo de Dios.

Nuestro pueblo se ha distinguido desde antaño por sus muestras de adoración a la presencia real de Cristo en las especies eucarísticas: grupos de adoradores durante toda la noche, mes con mes; la fiesta de espigas donde toda la población lleva el Santísimo Sacramento en procesión a una orilla de la población y se hace una adoración pública desde las nueve a las doce de la noche, que culmina con la celebración de la Santa Misa donde se supone que todos los asistentes participarán del banquete eucarístico.

Con su presencia en la eucaristía, Jesús nos garantiza un alimento que sacia nuestras necesidades más profundas y que nos desafía a compartir cuanto tenemos con los menos favorecidos que nosotros. Por lo tanto, no podemos compartir la eucaristía en la asamblea litúrgica si antes no hemos compartido las tortillas y las pupusas con quienes no tienen para comer y que viven muy cerca de nuestra propia casa e iglesia. Dios, por medio de la eucaristía, ha decidido permanecer entre nosotros; ahora tenemos su espíritu y su cuerpo, y sólo queda que seamos capaces de reconocer esa presencia en los diversos templos de su espíritu que viven en cada persona, que también es parte del cuerpo de Cristo.

A partir de que Jesús, en la noche en que había de ser entregado, toma pan, bendice a Dios y lo reparte entre sus discípulos, como Iglesia hemos venido haciendo lo mismo por más de dos mil años. Hemos permanecido fieles a ese mandato de Jesús: de bendecir a Dios por los dones de la tierra, de presentarlos para que él los convierta en alabanza suya y alimento nuestro. Los padres del concilio, conscientes de esta necesidad, desafiaron a la Iglesia al reafirmar la presencia de Cristo en las especies eucarísticas a la vez que afirmaron que Cristo también está presente en la persona del que preside, en la Palabra que se proclama y en la asamblea litúrgica. ∎

VIVIENDO NUESTRA FE

Tres aspectos de suma trascendencia hay que inculcar en el pueblo cristiano en relación a la eucaristía: ésta es la primera y principal de todas las celebraciones, fuente de toda vida y esperanza; la participación plena, consciente y activa en la santa Misa es signo que prefigura su participación en el banquete eterno del Reino de Dios y además, la absoluta necesidad de comer y beber el cuerpo y la sangre del Señor para poder tener vida en nuestra vida. Cualquier persona que dure alejada por mucho tiempo de la comunión, tarde o temprano terminará alejándose de Dios y de su comunidad.

PREGUNTAS PARA REFLEXIONAR

1. ¿Qué es para ti la fiesta del Cuerpo y Sangre de Cristo?

2. ¿Conoces personas de otras denominaciones cristianas que no tienen fe en la eucaristía como sacramento?

3. ¿Distingues la diferencia entre la comunión, la eucaristía y la devoción al santísimo sacramento?

4. ¿Qué es para ti la comunión?

LECTURAS SEMANALES: Deuteronomio 8:2–3, 14b–16a; 2 Pedro 1:2–7; 3:12–15a, 17–18; 2 Timoteo 1:1–3, 6–12; 2:8–15; Deuteronomio 7:6–11; 2 Timoteo 4:1–8.

9 DE JUNIO DEL 2002

Oseas 6:3-6

Esforcémonos por conocer al Señor; tan cierta como la aurora es su aparición y su juicio surge como la luz; bajará sobre nosotros como lluvia temprana, como lluvia de primavera que empapa la tierra.

"¿Qué voy a hacer contigo, Efraín? ¿Qué voy a hacer contigo, Judá? Tu amor es como nube mañanera, como rocío matinal que se evapora. Por eso los he azotado por medio de los profetas y les he dado muerte con mis palabras. Porque yo quiero amor y no sacrificios, conocimiento de Dios, más que holocaustos".

Romanos 4:18-25

Hermanos: Abraham, esperando contra toda esperanza, creyó que habría de ser padre de muchos pueblos, conforme a lo que Dios le había prometido: Así de numerosa será tu descendencia.

Y su fe no se debilitó a pesar de que a la edad de casi cien años, su cuerpo ya no tenía vigor, y además, Sara, su esposa, no podía tener hijos. Ante la firme promesa de Dios no dudó ni tuvo desconfianza, antes bien su fe se fortaleció y dio con ello gloria a Dios, convencido de que él es poderoso para cumplir lo que promete. Por eso, Dios le acreditó esta fe como justicia.

Ahora bien, no sólo por él está escrito que "se le acreditó", sino también por nosotros, a quienes se nos acreditará, si creemos en aquel que resucitó de entre los muertos, en nuestro Señor Jesucristo, que fue entregado a la muerte por nuestros pecados y resucitó para nuestra justificación.

Mateo 9:9-13

En aquel tiempo, Jesús vio a un hombre llamado Mateo, sentado a su mesa de recaudador de impuestos, y le dijo: "Sígueme". Él se levantó y lo siguió.

Después, cuando estaba a la mesa en casa de Mateo, muchos publicanos y pecadores se sentaron también a comer con Jesús y sus discípulos. Viendo esto, los fariseos preguntaron a los discípulos: "¿Por qué su Maestro come con publicanos y pecadores?" Jesús los oyó y les dijo: "No son los sanos los que necesitan de médico, sino los enfermos. Vayan, pues, y aprendan lo que significa: Yo quiero misericordia y no sacrificios. Yo no he venido a llamar a los justos, sino a los pecadores".

 **FRENTE A UN PUEBLO** que había llegado al colmo de los escrúpulos, llegando a pensar que todo podía ser fuente de comunicación, se formó una tremenda confusión que hace difícil distinguir entre lo humano y lo divino, entre los mandamientos de Dios y los que ellos habían ido inventando al correr del tiempo. La presencia de Cristo en el mundo tiene como finalidad ayudar a esta gente a saber discernir lo bueno y lo malo para el alma y el cuerpo.

El pueblo judío sigue teniendo por impuros varios alimentos. Pedro mismo tuvo problemas serios con sus paisanos cuando, al convivir con personas que iban aceptando la fe de Cristo y que venían de otras razas, comía con ellos carne de animales que para los judíos eran impuros y que para los gentiles no significaban nada. Otro tanto sucedía con el aseo de la loza y el lavado de las manos antes de los alimentos. Entrar en la casa de alguien cuya reputación era dudosa constituía motivo de contaminación y "había" necesidad de purificarse.

Jesús deja claro que viene a este mundo para salvarnos de nuestros pecados, pues son precisamente los pecadores quienes necesitan de su ayuda; por ellos ha venido, no por los buenos. Su presencia en algunos lugares y el contacto con algunas personas consideradas por la sociedad como pecadoras públicas, dió resultados sorprendentes.

Otros tantos, al recibir la salud del cuerpo, reciben también la salud del alma. Cristo tiene el poder de dar la salud física, pero difícilmente deja su obra sin terminar. Añade también la experiencia de la gracia y la reconciliación.

Cristo se esfuerza por hacer entender a la gente de su tiempo la diferencia entre lo que puede afectar la salud del cuerpo y lo que puede afectar la salud del alma, la diferencia entre lo que puede afectar la salud física y la salud moral: " No es lo que entra de fuera, sino lo que sale de dentro, lo que mancha al hombre". Los alimentos no pueden afectar la salud del alma; lo que sí la dañan son las malas intenciones: envidias, celos, rencores, venganzas, lujuria, avaricia, racismo, discriminación, violencia, abuso. ∎

16 DE JULIO DEL 2002

PRIMERA LECTURA

Éxodo 19:2-6

En aquellos días, el pueblo de Israel salió de Refidim, llegó al desierto del Sinaí y acampó frente al monte. Moisés subió al monte para hablar con Dios. El Señor lo llamó desde el monte y le dijo: "Esto dirás a la casa de Jacob, esto anunciarás a los hijos de Israel:

'Ustedes han visto cómo castigué a los egipcios y de qué manera los he levantado a ustedes sobre alas de águila y los he traído a mí. Ahora bien, si escuchan mi voz y guardan mi alianza, serán mi especial tesoro entre todos los pueblos, aunque toda la tierra es mía. Ustedes serán para mí un reino de sacerdotes y una nación consagrada'".

SEGUNDA LECTURA

Romanos 5:6-11

Hermanos: Cuando todavía no teníamos fuerzas para salir del pecado, Cristo murió por los pecadores en el tiempo señalado. Difícilmente habrá alguien que quiera morir por un justo, aunque puede haber alguno que esté dispuesto a morir por una persona sumamente buena. Y la prueba de que Dios nos ama está en que Cristo murió por nosotros, cuando aún éramos pecadores.

Con mayor razón, ahora que ya hemos sido justificados por su sangre, seremos salvados por él del castigo final. Porque, si cuando éramos enemigos de Dios, fuimos reconciliados con él por la muerte de su Hijo, con mucho más razón, estando ya reconciliados, recibiremos la salvación participando de la vida de su Hijo. Y no sólo esto, sino que también nos gloriamos en Dios, por medio de nuestro Señor Jesucristo, por quien hemos obtenido ahora la reconciliación.

EVANGELIO

Mateo 9:36—10:8

En aquel tiempo, al ver Jesús a las multitudes, se compadecía de ellas, porque estaban extenuadas y desamparadas, como ovejas sin pastor. Entonces dijo a sus discípulos: "La cosecha es mucha y los trabajadores, pocos. Rueguen, por tanto, al dueño de la mies que envíe trabajadores a sus campos".

Después, llamando a sus doce discípulos, les dio poder para expulsar a los espíritus impuros y curar toda clase de enfermedades y dolencias.

Estos son los nombres de los doce apóstoles: el primero de todos, Simon, llamado Pedro, y su hermano Andrés; Santiago y su hermano Juan, hijos de Zebedeo; Felipe y Bartolomé; Tomás y Mateo, el publicano; Santiago, hijo de Alfeo, y Tadeo; Simón, el cananeo, y Judas Iscariote, que fue el traidor.

A estos doce los envió Jesús con estas instrucciones: "No vayan a tierra de paganos ni entren en ciudades de samaritanos. Vayan más bien en busca de las ovejas perdidas de la casa de Israel. Vayan y proclamen por el camino que ya se acerca el Reino de los cielos. Curen a los leprosos y demás enfermos; resuciten a los muertos y echen fuera a los demonios. Gratuitamente han recibido este poder; ejérzanlo, pues, gratuitamente".

CRISTO VIVIÓ en carne propia el extravío de la humanidad. Veía aquellas multitudes sin rumbo ni dirección, sin saber a dónde ir. Andaban tras de Él en busca del alimento espiritual, pues aun cuando a muchas personas les sobra el alimento corporal y pueden incluso estar nadando en las riquezas de este mundo, no obstante se sienten vacíos y completamente decepcionados. Aun cuando pueden estar hartos de las cosas de este mundo, sufren mortalmente la ausencia de las cosas de Dios en su propia vida, o peor aún, sienten el hambre voraz, pero no saben de qué se trata.

Todas las cosas del mundo juntas no son suficientes para satisfacer los apetitos eternos de una sola persona. Fuimos creados para gozar eternamente de Dios, y las cosas de este mundo sólo sirven para distraer o engañarnos. Al igual que el alimento y la bebida naturales, son algo indispensable para vivir, pero por más que coma y beba, vuelve a tener hambre y sed. Así sucede con los demás atractivos que ofrece este mundo.

En su hambre de felicidad, algunas personas se lanzan tras el alcohol, la droga, el poder, la fama, la lujuria y la ambición, pero conforme van logrando cada una de estas cosas no les queda sino reconocer que esa hambre nunca se termina, antes bien los encadena y se apodera de ellos. Muchas veces se da cuenta de que todas esas cosas no llenan para nada sus apetitos; antes bien, conforme van avanzando, lo dominan por completo hasta el momento en que ya no puede librarse de ellos. Cuando ve un final desastroso quisiera dar marcha atrás y dejar por completo cualquiera de estos vicios, pero ya es demasiado tarde. El colmo de los males es que frecuentemente se pone en peligro no sólo la vida física, sino incluso la vida eterna.

Cristo Jesús veía con plena nitidez cómo millones y millones de personas serían irremisiblemente atraídas por las seducciones de este mundo y caerían inocentemente en las redes sin sentido; por eso les dice a sus apóstoles que la mies es mucha, que el trabajo de evangelización es inmenso, que se necesitan obreros. Si ahora, después de dos mil años de trabajo intenso e ininterrumpido, la mies continúa siendo inmensa, ¿Cómo se vería esto en tiempos de Cristo, cuando un puñado de personas tenía la misión de evangelizar a todo el mundo entonces conocido? ∎

VIVIENDO NUESTRA FE

El mundo continúa como ovejas sin pastor. Son infinidad de personas las que no tienen un rumbo definido en su vida. Frente a las promesas divinas de compartir con nosotros su gloria para siempre, la persona desconfiada prefiere asegurarse de alcanzar lo que este mundo ofrece y ya después, si algo consigue de lo que ofrece el Señor, buena cosa será. Lo normal es que la mayoría de la gente ve como algo muy lejano e improbable alcanzar lo que Dios ofrece y prefiere no perder lo que tiene al alcance de su mano. Pero para cuando toma conciencia de la trampa en la que ha caído, muchas veces ya es demasiado tarde; y tratando de sacarle la vuelta al sufrimiento, cae irremisiblemente en él, sin esperanza de salvación. Pues yendo en la búsqueda de los goces y placeres, termina hecho una piltrafa humana que se convierte en peso y carga para quien le atiende.

PREGUNTAS PARA REFLEXIONAR

1. ¿Sientes que hay un vicio en tu vida que te aparte de Dios y de los demás?

2. ¿Qué sientes cuando ves a otras personas completamente atrapadas por algún vicio? ¿Qué puedes hacer por ellas?

3. ¿Has considerado la posibilidad de colaborar con Cristo en la tarea de la evangelización?

LECTURAS SEMANALES: 1 Reyes 21:1–16; 21:17–29; 2 Reyes 2:1, 6–14; Sirácide 48:1–14; 2 Reyes 11:1–4, 9–18,20; 2 Crónicas 24:17–25.

23 DE JUNIO DEL 2002

PRIMERA LECTURA

Jeremías 20:10–13

En aquel tiempo, dijo Jeremías: "Yo oía el cuchicheo de la gente que decía: 'Denunciemos a Jeremías, denunciemos al profeta del terror'. Todos los que eran mis amigos espiaban mis pasos, esperaban que tropezara y me cayera, diciendo: 'Si se tropieza y se cae, lo venceremos y podremos vengarnos de él'. Pero el Señor, guerrero poderoso, está a mi lado; por eso mis perseguidores caerán por tierra y no podrán conmigo; quedarán avergonzados de su fracaso y su ignominia será eterna e inolvidable.

Señor de los ejércitos, que pones a prueba al justo y conoces lo más profundo de los corazones, haz que yo vea tu venganza contra ellos, porque a ti he encomendado mi causa.

Canten y alaben al Señor, porque él ha salvado la vida de su pobre de la mano de los malvados".

SEGUNDA LECTURA

Romanos 5:12–15

EVANGELIO

Mateo 10:26–33

En aquel tiempo, Jesús dijo a sus apóstoles: "No teman a los hombres. No hay nada oculto que no llegue a descubrirse; no hay nada secreto que no llegue a saberse. Lo que les digo de noche, repítanlo en pleno día, y lo que les digo al oído, pregónenlo desde las azoteas. No tengan miedo a los que matan el cuerpo, pero no pueden matar el alma. Teman, más bien, a quien puede arrojar al lugar de castigo el alma y el cuerpo.

¿No es verdad que se venden dos pajarillos por una moneda? Sin embargo, ni uno solo de ellos cae por tierra si no lo permite el Padre. En cuanto a ustedes, hasta los cabellos de su cabeza están contados. Por lo tanto, no tengan miedo, porque ustedes valen mucho más que todos los pájaros del mundo.

A quien me reconozca delante de los hombres, yo también lo reconoceré ante mi Padre, que está en los cielos; pero al que me niegue delante de los hombres, yo también lo negaré ante mi Padre, que está en los cielos".

LUNES 24 DE JUNIO DEL 2002
Natividad de san Juan Bautista

Isaías 49:1–6
Te convertiré en luz de las naciones.

Hechos 13:22–26
Antes de que Jesús llegara, Juan predicó a todo Israel un bautismo de penitencia.

San Lucas 1:57–66, 80
Juan es su nombre.

SÁBADO 29 DE JUNIO DEL 2002
San Pedro y San Pablo

Hechos 12:1–11
Ahora sí estoy seguro de que el Señor envió a su ángel para librarme de las manos de Herodes.

2 Timoteo 4:6–8, 17–18
Ahora sólo espero la corona merecida.

San Mateo 16:13–19
Tú eres Pedro y yo te daré las llaves del Reino de los Cielos.

 **LOS NIÑOS** apenas abren los ojos y lo primero con que se topa su mirada es el grado enorme de violencia que ronda en su derredor. Pero lo más fuerte e impactante lo encuentran en la televisión, donde en un programa ordinario pueden ver más violencia que la que tendrían que enfrentar durante toda una vida en su existencia real.

Todo esto hace que el hombre y la mujer vivan hundidos en un mar de temores y desconfianzas, siempre esperando ser víctimas de la violencia en todas sus manifestaciones. De manera especial podemos afirmar esto en cuanto a los niños y los ancianos, que son los más indefensos. En la infancia es frecuente que los niños despierten sobresaltados. En sus sueños ven tantas escenas de violencia por influencia de la televisión y que aún no alcanzan a distinguir entre los que es la fantasía y la realidad, para ellos, todo es amenaza real de muerte.

El evangelio de hoy nos dice con toda claridad que no debemos tenerles miedo a quienes matan el cuerpo. Esto es importante tenerlo bien claro. En esta vida lo más que se puede perder es la vida; en cuanto a todo lo demás puede recuperarse. Además, la muerte para el cristiano no es el final de la vida, sino el inicio de la vida eterna. Esta vida es sólo el tiempo que Dios nos concede para ganar la otra, de tal suerte que si una persona consiguiera todo lo que en este mundo se puede lograr, ¿De que le serviría si todo terminara con la vida? No sería sino una completa decepción. Pero sabemos que fuimos creados para vivir eternamente; eso es lo que Dios ofrece a quienes lo sirvan de verdad.

Cuando las personas llegan a tomar plena conciencia de su destino eterno, no le temen por nada a la muerte, pues saben que ésta es la puerta de la verdadera vida. Entonces, más que ocuparse en forma desmedida por obtener las cosas de este mundo, se preocupan por alcanzar las del cielo. ■

VIVIENDO NUESTRA FE

Cuando la persona tiene plena claridad con respecto a su destino eterno, se dará cuenta de que lo único a lo que debe tener temor es al pecado, pues es lo único que puede impedirle alcanzar su objetivo. Nos asusta la criminalidad y delincuencia que han crecido de manera increíble en los últimos tiempos. Pero convivimos armoniosamente con quienes destruyen la vida de nuestra alma, compartiendo sus vicios y pasiones, y esto no nos da el más mínimo pendiente. Al demonio no hay que temerle cuando ruge y se nos presenta de manera espantosa, sino cuando silenciosamente se anida en nuestra alma y se apodera de ella, haciéndonos vivir tranquilamente en un estado de vida anticristiano.

PREGUNTAS PARA REFLEXIONAR

1. ¿Cuáles son tus más grandes temores?

2. ¿Te atemoriza ser víctima de la violencia de este mundo? ¿Por qué?

3. ¿Qué es para ti la vida eterna?

LECTURAS SEMANALES: Jeremías 1:4-10; 2 Reyes 19:9b-11, 14-21, 31-35a, 36; 2 Reyes 24:8-17; 25:1-12; Hechos 12:1-11.

PRIMERA LECTURA

2 Reyes 4:8–11, 14–16a

Un día pasaba Eliseo por la ciudad de Sunem y una mujer distinguida lo invitó con insistencia a comer en su casa. Desde entonces, siempre que Eliseo pasaba por ahí, iba a comer a su casa. En una ocasión, ella le dijo a su marido: "Yo sé que este hombre, que con tanta frecuencia nos visita, es un hombre de Dios. Vamos a construirle en los altos una pequeña habitación. Le pondremos allí una cama, una mesa, una silla y una lámpara, para que se quede allí, cuando venga a visitarnos". Así se hizo y cuando Eliseo regresó a Sunem, subió a la habitación y se recostó en la cama. Entonces le dijo a su criado: "¿Qué podemos hacer por esta mujer?" El criado le dijo: "Mira, no tiene hijos y su marido ya es un anciano". Entonces dijo Eliseo: "Llámala". El criado la llamó y ella, al llegar, se detuvo en la puerta. Eliseo le dijo: "El año que viene, por estas mismas fechas, tendrás un hijo en tus brazos".

SEGUNDA LECTURA

Romanos 6:3–4, 8–11

Hermanos: Todos los que hemos sido incorporados a Cristo Jesús por medio del bautismo, hemos sido incorporados a su muerte. En efecto, por el bautismo fuimos sepultados con él en su muerte, para que, así como Cristo resucitó de entre los muertos por la gloria del Padre, así también nosotros llevemos una vida nueva.

Por lo tanto, si hemos muerto con Cristo, estamos seguros de que también viviremos con él; pues sabemos que Cristo, una vez resucitado de entre los muertos, ya nunca morirá. La muerte ya no tiene dominio sobre él, porque al morir, murió al pecado de una vez para siempre; y al resucitar, vive ahora para Dios. Lo mismo ustedes, considérense muertos al pecado y vivos para Dios en Cristo Jesús, Señor nuestro.

EVANGELIO

Mateo 10:37–42

En aquel tiempo, Jesús dijo a sus apóstoles: "El que ama a su padre o a su madre más que a mí, no es digno de mí; el que ama a su hijo o a su hija más que a mí, no es digno de mí; y el que no toma su cruz y me sigue, no es digno de mí. El que salve su vida la perderá y el que la pierda por mí, la salvará.

Quien los recibe a ustedes me recibe a mí; y quien me recibe a mí, recibe al que me ha enviado. El que recibe a un profeta por ser profeta, recibirá recompensa de profeta; el que recibe a un justo por ser justo, recibirá recompensa de justo. Quien diere, aunque no sea más que un vaso de agua fría a uno de estos pequeños, por ser discípulo mío, yo les aseguro que no perderá su recompensa".

MIÉRCOLES 3 DE JULIO DEL 2002
Santo Tomás, apóstol

Efesios 2:19 — 22
Ustedes han sido edificados sobre el cimiento de los Apóstoles.

San Juan 20:24–29
¡Señor mío y Dios mío!

PABLO VI dijo que el humanismo por sí solo se vuelve inhumano. Cuando en todo lo que hacemos siempre buscamos las ventajas económicas, terminamos por desconocer y dejar de apreciar otro sinfín de cosas mucho más importantes que lo simplemente material.

Hay quienes afirman que lo que realmente vale no se consigue con dinero. Podríamos hablar de la vida, la salud, el amor, la amistad, el aprecio y la estimación. Hay personas inmensamente ricas pero igualmente desdichadas porque todas las riquezas juntas no son suficientes para lograr que alguien las ame. Hay personas que cuentan con toda la fama y el prestigio profesional en el desarrollo de sus respectivas carreras, pero pueden vivir en una total soledad y abandono porque no hay quien quiera compartir la vida con ellas.

Cristo nos pide que nuestro amor esté por encima de nuestros mismos padres, hermanos y familiares. Pero la realidad es que en muchos casos se está perdiendo incluso el amor a los mismos familiares. Sabemos de muchas personas que lo único que los une entre sí es el cheque. Esto puede darse entre los esposos, entre padres e hijos o entre socios de negocios. El materialismo tan intenso que estamos viviendo ha hecho que perdamos gran parte de los valores espirituales. Son muchas las personas que se quejan de que es imposible encontrar un amigo. Toda la gente anda solo tras los intereses materiales y sus relaciones con las personas se reducen casi exclusivamente a aquellas de las que esperan obtener algún beneficio.

Sin embargo, tenemos que ser conscientes de que las riquezas por sí solas no garantizan nada. Nos encontramos con personas que presumen de ser los reyes del mundo porque tienen en sus manos todo lo que se les antoja; sin embargo, pueden ser completamente despreciados por los demás porque quizá todo lo que tienen lo han conseguido a base de injusticias y fraudes, o forman parte de las grandes mafias o el crimen organizado.

Si alguien te pide una ayuda, ¿Qué es lo primero que te viene a la mente? ¿Acaso no te pones a recordar inmediatamente si esta persona te ha dado algo anteriormente? ¿O si le debes algo o te ha hecho algún favor? De lo contrario, luego inventas mil pretextos para negarle lo que te pide. Esto es lo que nos sucede cuando analizamos las cosas desde el punto de vista humano. ■

VIVIENDO NUESTRA FE

Es muy frecuente encontrarse con mujeres que se quejan de que sus maridos que, a pesar de ser cristianos y estar casados por la Iglesia, les prohiben ir al templo o a sus hijos asistir al catecismo. Da ansia comprobar que muchas mujeres no tienen claridad en cuanto a las cosas en las que deben obedecer a sus esposos. Hay que obedecer primero a Dios y luego a los hombres. Nadie en este mundo tiene el derecho de prohibirnos el servir a Dios. Aunque este caso suena aberrante, es cierto. En estos casos lo mejor es obrar prudentemente y evitar dentro de lo posible los enfrentamientos y los pleitos. Por otro lado, cuando se trate de obrar en caridad, no tengamos miedo de desprendernos de lo que sea, conscientes de que el Señor no se queda con nada y que al final de nuestra vida tendremos un tesoro en el cielo.

PREGUNTAS PARA REFLEXIONAR

1. ¿Qué obstáculos tienes para servir al Señor?

2. ¿Qué sientes cuando alguien se acerca a pedirte una ayuda?

3. ¿Qué tipo de ayuda crees que debes ofrecer a los demás?

LECTURAS SEMANALES: Amós 2:6–10, 13–16; 3:1–8; 4:11–12; Efesios 2:19–22; Amós 7:10–17; 8:4–6, 9–12; 9:11–15.

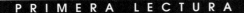

PRIMERA LECTURA

Zacarías 9:9-10

Esto dice el Señor: "Alégrate sobremanera, hija de Sión; da gritos de júbilo, hija de Jerusalén; mira a tu rey que viene a ti, justo y victorioso, humilde y montado en un burrito.

Él hará desaparecer de la tierra de Efraín los carros de guerra y de Jerusalén, los caballos de combate. Romperá el arco del guerrero y anunciará la paz a las naciones. Su poder se extenderá de mar a mar y desde el gran río hasta los últimos rincones de la tierra".

SEGUNDA LECTURA

Romanos 8:9,11-13

Hermanos: Ustedes no viven conforme al desorden egoísta del hombre, sino conforme al Espíritu, puesto que el Espíritu de Dios habita verdaderamente en ustedes. Quien no tiene el Espíritu de Cristo, no es de Cristo. Si el Espíritu del Padre, que resucitó a Jesús de entre los muertos, habita en ustedes, entonces el Padre, que resucitó a Jesús de entre los muertos, también les dará vida a sus cuerpos mortales, por obra de su Espíritu, que habita en ustedes.

Por lo tanto, hermanos, no estamos sujetos al desorden egoísta del hombre, para hacer de ese desorden nuestra regla de conducta. Pues si ustedes viven de ese modo, ciertamente serán destruidos. Por el contrario, si con la ayuda del Espíritu destruyen sus malas acciones, entonces vivirán.

EVANGELIO

Mateo 11:25-30

En aquel tiempo, Jesús exclamó: "¡Te doy gracias, Padre, Señor del cielo y de la tierra, porque has escondido estas cosas a los sabios y entendidos, y las has revelado a la gente sencilla! Gracias, Padre, porque así te ha parecido bien.

El Padre ha puesto todas las cosas en mis manos. Nadie conoce al Hijo sino el Padre, y nadie conoce al Padre sino el Hijo y aquel a quien el Hijo se lo quiera revelar.

Vengan a mí, todos los que están fatigados y agobiados por la carga, y yo los aliviaré. Tomen mi yugo sobre ustedes y aprendan de mí, que soy manso y humilde de corazón, y encontrarán descanso, porque mi yugo es suave y mi carga ligera".

CUANDO RECONOCEMOS que en nuestro mundo hay millones y millones de sabios, cuando nos quedamos pasmados frente a los adelantos de la ciencia y la tecnología, cuando nos quedamos absortos con los progresos que se han logrado en la carrera espacial, los adelantos en la medicina, los verdaderos milagros en las ciencias de la comunicación y tantos otros logros en infinidad de ciencias, no nos queda sino hacernos una pregunta: ¿Cómo es posible que la humanidad con toda su ciencia y tecnología, no pueda llegar por sí sola al conocimiento de Dios? ¿Por qué razón sigue teniendo el mal tanta fuerza en nuestro mundo?

Es entonces cuando el mensaje de Jesús resuena con mayor énfasis en el concierto de la creación: "Gracias te doy, Padre, Señor del cielo y de la tierra, porque has escondido estas cosas a los sabios y entendidos y se las has dado a conocer a la gente sencilla". ¿Cómo es posible que naciones enteras, que sobresalen en el concierto mundial por la capacidad de sus gentes de ciencia y que son líderes en la producción de ciencia y tecnología, aún no hayan podido aceptar el mensaje de Cristo?

Frente a las realidades vergonzosas de quienes han decretado la muerte de Dios porque no creen necesitarlo, encontramos otra realidad que parecería igualmente una necesidad: personas que no han ido a la escuela, o que no saben leer ni escribir, pero tienen una fe en Dios mucho más firme y confiada que algunos teólogos, cuya ciencia de Dios se apoya en la experiencia que han tenido de él. Su contacto tan íntimo y personal con el Señor es de tal manera que no pueden dejar de creer en él porque sienten que los oye, que los escucha y que atiende a sus quejas y lamentos. A diario experimentan un Dios solidario con ellos, que ha caminado durante largo tiempo por el camino de su propia historia. Platican personalmente con él de sus problemas, angustias, dificultades y enfermedades, y aunque no siempre les remedia todo, al menos les da una luz para sobrellevar con paciencia y amor todas esas cosas que a cualquier otra persona la hacen terminar en la desesperación.

Las cosas que este mundo ofrece están al alcance de la gente rica, sabia o poderosa. La gente sencilla difícilmente alcanza lo más indispensable para poder subsistir. Sin embargo, en el camino de la salvación, las cosas son muy distintas. ∎

VIVIENDO NUESTRA FE

Para las naciones donde la inmensa mayoría de la gente es pobre, el hecho de saber que la salvación no es como las cosas de este mundo (donde siempre los más ricos, sabios y poderosos son los dueños de todo), sino por el contrario, está más cerca de la gente pobre y sencilla, es muy consolador. Esto hace que no le temamos a la pobreza y que no la veamos como un mal irremediable o como una desgracia. De esta forma, la pobreza se convierte en una gran ayuda para alcanzar la salvación, cuando la persona no se apega a las cosas de este mundo, sino a las del cielo. Las cosas de este mundo cuando se tienen en grandes cantidades o vivimos demasiado apegados a ellas, hacen que sea muy difícil interesarnos por las cosas del cielo, mucho menos en los demás, sin añadir el agravante de ser pobres.

PREGUNTAS PARA REFLEXIONAR

1. ¿Has llegado a dudar de la existencia de Dios? ¿De la Iglesia? ¿Por qué?

2. ¿Te ha tocado conocer a personas con serias dudas sobre la existencia de Dios? ¿Cómo podrías ayudarlas?

3. ¿Qué puedes aprender de las personas que "no tienen fe"?

LECTURAS SEMANALES: Oseas 2:16, 17b-18, 21-22; 8:4-7, 11-13; 10:1-3, 7-8,12; Oseas 11:1-4, 8c-9; 14:2-10; Isaías 6:1-8.

14 DE JULIO DEL 2002

PRIMERA LECTURA

Isaías 55:10-11

Esto dice el Señor: "Como bajan del cielo la lluvia y la nieve y no vuelven allá, sino después de empapar la tierra, de fecundarla y hacerla germinar, a fin de que dé semilla para sembrar y pan para comer, así será la palabra que sale de mi boca: no volverá a mí sin resultado, sino que hará mi voluntad y cumplirá su misión".

SEGUNDA LECTURA

Romanos 8:18-23

EVANGELIO

Mateo 13:1-23

Un día salió Jesús de la casa donde se hospedaba y se sentó a la orilla del mar. Se reunió en torno suyo tanta gente, que él se vio obligado a subir a una barca, donde se sentó, mientras la gente permanecía en la orilla. Entonces Jesús les habló de muchas cosas en parábolas y les dijo:

"Una vez salió un sembrador a sembrar, y al ir arrojando la semilla, unos granos cayeron a lo largo del camino; vinieron los pájaros y se los comieron. Otros granos cayeron en terreno pedregoso, que tenía poca tierra; ahí germinaron pronto, porque la tierra no era gruesa; pero cuando subió el sol, los brotes se marchitaron, y como no tenían raíces, se secaron. Otros cayeron entre espinos, y cuando los espinos crecieron, sofocaron las plantitas. Otros granos cayeron en tierra buena y dieron fruto: unos, ciento por uno; otros, sesenta; y otros, treinta. El que tenga oídos, que oiga".

Después se le acercaron sus discípulos y le preguntaron: "¿Por qué les hablas en parábolas?" Él les respondió: "A ustedes se les ha concedido conocer los misterios del Reino de los cielos, pero a ellos no. Al que tiene, se le dará más y nadará en la abundancia; pero al que tiene poco, aun eso poco se le quitará. Por eso les hablo en parábolas, porque viendo no ven y oyendo no oyen ni entienden.

En ellos se cumple aquella profecía de Isaías que dice: Oirán una y otra vez y no entenderán; mirarán y volverán a mirar, pero no verán; porque este pueblo ha endurecido su corazón, ha cerrado sus ojos y tapado sus oídos, con el fin de no ver con los ojos, ni oír con los oídos, ni comprender con el corazón. Porque no quieren convertirse ni que yo los salve.

Pero, dichosos ustedes, porque sus ojos ven y sus oídos oyen. Yo les aseguro que muchos profetas y muchos justos desearon ver lo que ustedes ven y no lo vieron y oír lo que ustedes oyen y no lo oyeron. Escuchen, pues, ustedes lo que significa la parábola del sembrador.

A todo hombre que oye la palabra del Reino y no la entiende, le llega el diablo y le arrebata lo sembrado en su corazón. Esto es lo que significan los granos que cayeron a lo largo del camino.

Lo sembrado sobre terreno pedregoso significa al que oye la palabra y la acepta inmediatamente con alegría; pero, como es inconstante, no la deja echar raíces, y apenas le viene una tribulación o una persecución por causa de la palabra, sucumbe.

Lo sembrado entre los espinos representa a aquel que oye la palabra, pero las preocupaciones de la vida y la seducción de las riquezas la sofocan y queda sin fruto.

En cambio, lo sembrado en tierra buena representa a quienes oyen la palabra, la entienden y dan fruto: unos, el ciento por uno; otros, el sesenta; y otros, el treinta".

 **CRISTO UTILIZABA** con mucho agrado las parábolas para facilitar el entendimiento de su mensaje a la gente. En esta ocasión les pone el ejemplo de un sembrador. El trabajo del campo, aún en nuestros tiempos de la era espacial y de la información, sigue llamando la atención porque el campo siempre seguirá formando parte integral de la alimentación humana.

Es importante saber que para que la semilla pueda germinar debe caer en tierra, porque si cae entre las piedras, en los caminos o donde hay demasiada hierba, termina por no nacer o por morir demasiado pronto y no dar fruto.

Cuando estos ejemplos se utilizan como comparación para conocer lo que acontece al interior del ser humano cuando se deposita en él la Palabra de Dios, nos damos cuenta de inmediato de lo que Jesús quiere hacer entender a la gente. Si el corazón humano es tan duro, seco y áspero como sucede con los caminos, no debe sorprendernos en nada que la Palabra sea arrebatada por tantos obstáculos que se atraviesan a nuestro paso. Esto sucede con las personas que siempre están rodeadas de malas compañías. Apenas tienen alguna buena intención para cambiar de vida o dejar algún mal camino, los "amigos" se les echan encima de inmediato burlándose de ellos y presionándolos para que persistan en sus malos hábitos.

Las semillas pueden caer también en terreno pedregoso: corazones en los que el egoísmo se ha apoderado de ellos, que por más intentos que hacen de salir de allí vuelven a caer una y otra vez. La semilla llega pura y de gran calidad, pero cae entre la hierba espesa de todas las alternativas que nos ofrece este mundo. Los medios de comunicación con todos sus atractivos nos llenan de espejismos y nos lanzan a la conquista de fantasías inalcanzables, pero para cuando caemos en la cuenta del engaño, ya estamos amargados y decepcionados porque hemos cometido infinidad de tonterías que muchas veces ya no es posible remendar: corrupción, fraudes, infidelidad, abandono de las cosas de Dios. En fin, ya cuando todo mundo está en contra nuestra por nuestro mal comportamiento, da vergüenza volver atrás y muchas veces preferimos hundirnos cada vez más. ∎

VIVIENDO NUESTRA FE

Hay tareas fundamentales para la vida: convertir nuestro corazón en tierra blanda y bien preparada para que, a la hora que llegue la semilla de la Palabra del Señor, nunca lo encuentre descuidado, y para que esta semilla pueda producir frutos abundantes de buenas obras. Pero además, debemos colaborar en la preparación de la tierra de los corazones de nuestros semejantes. En primer lugar, los papás deben ocuparse de tener siempre preparados los corazones de sus hijos para que en cuanto llegue la Palabra del Señor y pueda haber abundante cosecha de buenas obras. Esto mismo tenemos que hacerlo cada uno de nuestros prójimos.

PREGUNTAS PARA REFLEXIONAR

1. Cristo es el sembrador y la semilla es la Palabra de Dios. ¿Sabes descubrir a Cristo en cada una de las personas con las que convives?

2. ¿Qué tipo de terreno es el que hay en tu alma?

3. ¿Para qué utiliza Cristo las parábolas?

4. ¿A qué se refiere Cristo cuando dice que muchos reyes y profetas quisieron ver lo que ustedes ven y no lo vieron?

LECTURAS SEMANALES: Isaías 1:10–17; 7:1–9; 10:5–7, 13–16; 26:7–9, 12, 16–19; 38:1–6, 21–22, 7–8; Miqueas 2:1–5.

21 DE JULIO DEL 2002

PRIMERA LECTURA

Sabiduría 12:13,16-19

No hay más Dios que tú, Señor, que cuidas de todas las cosas. No hay nadie a quien tengas que rendirle cuentas de la justicia de tus sentencias. Tu poder es el fundamento de tu justicia, y por ser el Señor de todos, eres misericordioso con todos. Tú muestras tu fuerza a los que dudan de tu poder soberano y castigas a quienes, conociéndolo, te desafían. Siendo tú el dueño de la fuerza, juzgas con misericordia y nos gobiernas con delicadeza, porque tienes el poder y lo usas cuando quieres.

Con todo esto has enseñado a tu pueblo que el justo debe ser humano, y has llenado a tus hijos de una dulce esperanza, ya que al pecador le das tiempo para que se arrepienta.

SEGUNDA LECTURA

Romanos 8:26-27

EVANGELIO

Mateo 13:24-43

En aquel tiempo, Jesús propuso esta parábola a la muchedumbre: "El Reino de los cielos se parece a un hombre que sembró buena semilla en su campo; pero mientras los trabajadores dormían, llegó un enemigo del dueño, sembró cizaña entre el trigo y se marchó. Cuando crecieron las plantas y se empezaba a formar la espiga, apareció también la cizaña.

Entonces los trabajadores fueron a decirle al amo: 'Señor, ¿qué no sembraste buena semilla en tu campo? ¿De dónde, pues, salió esta cizaña?' El amo les respondió: 'De seguro lo hizo un enemigo mío'. Ellos le dijeron: '¿Quieres que vayamos a arrancarla?' Pero él les contestó: 'No. No sea que al arrancar la cizaña, arranquen también el trigo. Dejen que crezcan juntos hasta el tiempo de la cosecha y,

cuando llegue la cosecha, diré a los segadores: Arranquen primero la cizaña y átenla en gavillas para quemarla; y luego almacenen el trigo en mi granero'".

Luego les propuso esta otra parábola: "El Reino de los cielos es semejante a la semilla de mostaza que un hombre siembra en un huerto. Ciertamente es la más pequeña de todas las semillas, pero cuando crece, llega a ser más grande que las hortalizas y se convierte en un arbusto, de manera que los pájaros vienen y hacen su nido en las ramas".

Les dijo también otra parábola: "El Reino de los cielos se parece a un poco de levadura que tomó una mujer y la mezcló con tres medidas de harina, y toda la masa acabó por fermentar".

Jesús decía a la muchedumbre todas estas cosas con parábolas, y sin parábolas nada les decía, para que se cumpliera lo que dijo el profeta: Abriré mi boca y les hablaré con parábolas; anunciaré lo que estaba oculto desde la creación del mundo.

Luego despidió a la multitud y se fue a su casa. Entonces se le acercaron sus discípulos y le dijeron: "Explícanos la parábola de la cizaña sembrada en el campo".

Jesús les contestó: "El sembrador de la buena semilla es el Hijo del hombre, el campo es el mundo, la buena semilla son los ciudadanos del Reino, la cizaña son los partidarios del maligno, el enemigo que la siembra es el diablo, el tiempo de la cosecha es el fin del mundo, y los segadores son los ángeles.

Y así como recogen la cizaña y la queman en el fuego, así sucederá en el fin del mundo: el Hijo del hombre enviará a sus ángeles para que arranquen de su Reino a todos los que inducen a otros al pecado y a todos los malvados, y los arrojen en el horno encendido. Allí será el llanto y la desesperación. Entonces los justos brillarán como el sol en el Reino de su Padre. El que tenga oídos, que oiga".

CAIN Y ABEL, primeros hijos de Adán y Eva, personifican una lucha a muerte entre el bien y el mal, entre la buena y la mala semilla. Al asesinar Caín a su propio hermano, parecería como si el mal hubiera vencido al bien y, desde ese momento, el mal se extiende de tal forma en el mundo que llega el día en que Dios decreta el diluvio, que vendría a ser como un lavado universal para acabar con el mal. Sin embargo, en Noé y su familia Dios deposita una nueva semilla en el mundo. Más tarde, el orgullo y prepotencia humanas romperían esta armonía de la nueva creación; ahora los pueblos se confunden por el idioma de los intereses dispersos y nuevamente quieren ser como dioses.

Finalmente, Dios nos envía a su propio Hijo, Palabra encarnada del Padre, con el encargo de difundir la semilla del Reino en toda la tierra. Ahora la respuesta humana será el asesinato del sembrador. La pregunta es: ¿Qué hará el Señor con esta humanidad que una y otra vez se pervierte y deja a su Dios por infinidad de ídolos?

Si Dios ha depositado una y otra vez buena semilla en sus campos, ¿Qué es lo que sigue sucediendo? Todos nos quejamos de la cizaña y nadie quiere tenerla cerca porque a todos nos afecta. Al igual que los discípulos de Cristo, quisiéramos con toda el alma que Dios nos librara de ella, no la soportamos, se nos hace imposible tenerla a un lado; sin embargo, no nos queda sino aprender a convivir con ella porque no será arrancada sino hasta el final de los tiempos.

Es un lamento universal que se eleva al cielo, pidiéndole a Dios que nos libre de la cizaña. Nadie quiere tener a su lado a un drogadicto, alcohólico, lujurioso, ambicioso o perezoso en una situación especial. Todos deseamos tener como compañeros o compañeras de la vida a personas buenas, comprensivas, generosas, entregadas y fieles en sus compromisos.

Por naturaleza tenemos una facilidad increíble para descubrir y condenar las faltas de los demás y, en nuestras pláticas, no tenemos otra cosa de qué hablar sino de los males que nos causan los demás. Todo lo que nos pasa siempre es por culpa de los demás. ¿Por qué el Señor no ha permitido que la cizaña sea arrancada antes de tiempo? Simplemente porque esa cizaña y ese trigo de los que hablamos están íntimamente mezclados en el interior de cada persona. ■

VIVIENDO NUESTRA FE

Podemos tener problemas con nuestros padres, hijos, empleados, maestros, alumnos o compañeros de trabajo. Unos nos caen gordos, otros nos hacen la vida imposible, otros dicen mentiras o falsos testimonios contra nosotros, y quisiéramos que Dios nos librara de ellos o que les corrigiera sus defectos. Cada vez que esto sucede no nos queda sino asomarnos a lo más íntimo de nuestro ser y recordar las enormes dificultades que tenemos para librarnos de nuestros propios defectos; esto nos ayudará a tener un poco más de paciencia y caridad con las fallas ajenas.

PREGUNTAS PARA REFLEXIONAR

1. ¿Cómo reaccionas ante los defectos ajenos?

2. ¿Cómo vives la experiencia de trigo y cizaña al interior de ti mismo/a?

3. ¿Eres de los que quisieran que Dios arrancara lo antes posible toda la cizaña que existe en el mundo? ¿Por qué?

LECTURAS SEMANALES: Miqueas 6:1–4, 6–8; 7:14–15, 18–20; Jeremías 1:1, 4–10; 2 Corintios 4:7–15; Jeremías 3:14–17; 7:1–11.

1 Reyes 3:5-13

En aquellos días, el Señor se le apareció al rey Salomón en sueños y le dijo: "Salomón, pídeme lo que quieras, y yo te lo daré".

Salomón le respondió: "Señor, tú trataste con misericordia a tu siervo David, mi padre, porque se portó contigo con lealtad, con justicia y rectitud de corazón. Más aún, también ahora lo sigues tratando con misericordia, porque has hecho que un hijo suyo lo suceda en el trono. Sí, tú quisiste, Señor y Dios mío, que yo, tu siervo, sucediera en el trono a mi padre, David. Pero yo no soy más que un muchacho y no sé cómo actuar. Soy tu siervo y me encuentro perdido en medio de este pueblo tuyo, tan numeroso, que es imposible contarlo. Por eso te pido que me concedas sabiduría de corazón, para que sepa gobernar a tu pueblo y distinguir entre el bien y el mal. Pues sin ella, ¿quién será capaz de gobernar a este pueblo tuyo tan grande?"

Al Señor le agradó que Salomón le hubiera pedido sabiduría y le dijo: "Por haberme pedido esto, y no una larga vida, ni riquezas, ni la muerte de tus enemigos, sino sabiduría para gobernar, yo te concedo lo que me has pedido. Te doy un corazón sabio y prudente, como no lo ha habido antes, ni lo habrá después de ti. Te voy a conceder, además, lo que no me has pedido: tanta gloria y riqueza, que no habrá rey que se pueda comparar contigo".

Romanos 8:28-30

Hermanos: Ya sabemos que todo contribuye para bien de los que aman a Dios, de aquellos que han sido llamados por él, según su designio salvador. En efecto, a quienes conoce de antemano, los predestina para que reproduzcan en sí mismos la imagen de su propio Hijo, a fin de que él sea el primogénito entre muchos hermanos. A quienes predestina, los llama; a quienes llama, los justifica; y a quienes justifica, los glorifica.

Mateo 13:44-52

En aquel tiempo, Jesús dijo a la multitud: "El Reino de los cielos se parece a un tesoro escondido en un campo. El que lo encuentra lo vuelve a esconder y, lleno de alegría, va y vende cuanto tiene y compra aquel campo.

El Reino de los cielos se parece también a un comerciante en perlas finas que, al encontrar una perla muy valiosa, va y vende cuanto tiene y la compra.

También se parece el Reino de los cielos a la red que los pescadores echan en el mar y recoge toda clase de peces. Cuando se llena la red, los pescadores la sacan a la playa y se sientan a escoger los pescados; ponen los buenos en canastos y tiran los malos. Lo mismo sucederá al final de los tiempos: vendrán los ángeles, separarán a los malos de los buenos y los arrojarán al horno encendido. Allí será el llanto y la desesperación.

¿Han entendido todo esto?" Ellos le contestaron: "Sí". Entonces él les dijo: "Por eso, todo escriba instruido en las cosas del Reino de los cielos es semejante al padre de familia, que va sacando de su tesoro cosas nuevas y cosas antiguas".

 **COMO EN** el caso del tesoro escondido en un campo, los seres humanos tendríamos que desprendernos de todas las cosas que conseguimos en este mundo en el momento en que nos demos cuenta del inmenso valor que tiene encontrarnos con Cristo y con lo que él nos ofrece.

¿Quién de nosotros no ha soñado con encontrarse un tesoro, con ganarse la lotería, con que alguien llegue a su casa con un regalo que siempre ha deseado? Así tendríamos que apreciar las cosas del cielo: de tal forma que fuéramos capaces de desprendernos de cuanto tenemos, a fin de ser verdaderamente perfectos según los criterios del evangelio, y aunque ya seamos buenos seguidores de Dios dar nuestros bienes a los pobres y no apegar el corazón a las riquezas temporales.

Si descubriéramos el valor de las cosas del cielo en su justa dimensión, despreciaríamos las de la tierra, como quien sabe distinguir entre el oro real y las joyas de fantasía. ¿De qué sirve ganar todo el mundo si al final perdemos a Dios? La vida humana, por más larga que sea, difícilmente llega a los cien años, ¿Cómo compararla con una eternidad dichosa?

Cristo utiliza también la comparación de la red llena de pescados, donde una vez llegados a tierra los pescadores escogen los buenos y los ponen en sus cestos para venderlos. Al final de nuestra vida, lo mismo sucederá con nosotros: seremos juzgados en base al amor. Si nuestras obras no fueron lo que debieron ser, corremos el peligro de ser desechados por los ángeles de Dios y ser enviados al lugar de castigo. Mientras haya vida, hay esperanza. Dios tiene una paciencia infinita para esperar el arrepentimiento y la conversión del pecador hasta el último instante de su existencia, y hay más alegría en el cielo por un pecador que se arrepiente que por noventa y nueve justos que no necesitan arrepentirse. Así que más nos vale vivir en conformidad con los planes del Señor para que al final de nuestra vida seamos escogidos como pescados buenos y se nos ponga en los canastos del Reino de los cielos, donde podremos gozar eternamente del Señor. ■

VIVIENDO NUESTRA FE

Lo normal es que nos entreguemos afanosamente a la conquista de las cosas de este mundo, trabajando muchas veces más de lo humanamente aconsejable. El ser humano atesora y atesora, pero jamás se llena. ¿Cuánto necesitaría una familia para vivir desahogadamente en este mundo, dándose todos los gustos permitidos? A lo mejor no se requeriría demasiado. Pero nunca contamos lo que tenemos, sino lo que deseamos. En cuanto consigue algo, de inmediato se propone nuevas metas. Bueno sería invitar a los grandes inversionistas a pensar que una vez que se tiene más o menos asegurado lo necesario para esta vida, se pusieran a pensar en invertir para la otra vida. Todo lo apuestan a este mundo en el que van a pasar sólo una pequeña prueba de cien años, y se olvidan de invertir allá donde tendrán que pasar toda una eternidad.

PREGUNTAS PARA REFLEXIONAR

1. ¿Cuál es para ti el tesoro escondido del que habla Jesús?
2. ¿Qué haces cuando encuentras algo que te gusta mucho y quieres comprarlo?
3. ¿Cuál será la selección de peces al final de los tiempos?
4. ¿Cuál es tu actitud cuando una persona se te acerca a pedir una ayuda?

LECTURAS SEMANALES: Jeremías 13:1–11; 14:17–22; 15:10, 16–21; 18:1–6; 26:1–9; 26:11–16, 24.

4 DE AGOSTO DEL 2002

PRIMERA LECTURA

Isaías 55:1–3

Esto dice el Señor: "Todos ustedes, los que tienen sed, vengan por agua; y los que no tienen dinero, vengan, tomen trigo y coman; tomen vino y leche sin pagar.

¿Por qué gastar el dinero en lo que no es pan y el salario, en lo que no alimenta?

Escúchenme atentos y comerán bien, saborearán platillos sustanciosos. Préstenme atención, vengan a mí, escúchenme y vivirán. Sellaré con ustedes una alianza perpetua, cumpliré las promesas que hice a David".

SEGUNDA LECTURA

Romanos 8:35, 37–39

Hermanos: ¿Qué cosa podrá apartarnos del amor con que nos ama Cristo? ¿Las tribulaciones? ¿Las angustias? ¿La persecución? ¿El hambre? ¿La desnudez? ¿El peligro? ¿La espada?

Ciertamente de todo esto salimos más que victoriosos, gracias a aquel que nos ha amado; pues estoy convencido de que ni la muerte ni la vida, ni los ángeles ni los demonios, ni el presente ni el futuro, ni los poderes de este mundo, ni lo alto ni lo bajo, ni creatura alguna podrá apartarnos del amor que nos ha manifestado Dios en Cristo Jesús.

EVANGELIO

Mateo 14:13–21

En aquel tiempo, al enterarse Jesús de la muerte de Juan el Bautista, subió a una barca y se dirigió a un lugar apartado y solitario. Al saberlo la gente, lo siguió por tierra desde los pueblos. Cuando Jesús desembarcó, vio aquella muchedumbre, se compadeció de ella y curó a los enfermos.

Como ya se hacía tarde, se acercaron sus discípulos a decirle: "Estamos en despoblado y empieza a oscurecer. Despide a la gente para que vayan a los caseríos y compren algo de comer". Pero Jesús les replicó: "No hace falta que vayan. Denles ustedes de comer". Ellos le contestaron: "No tenemos aquí más que cinco panes y dos pescados". Él les dijo: "Tráiganmelos".

Luego mandó que la gente se sentara sobre el pasto. Tomó los cinco panes y los dos pescados, y mirando al cielo, pronunció una bendición, partió los panes y se los dio a los discípulos para que los distribuyeran a la gente. Todos comieron hasta saciarse, y con los pedazos que habían sobrado, se llenaron doce canastos. Los que comieron eran unos cinco mil hombres, sin contar a las mujeres y a los niños.

> **MARTES 6 DE AGOSTO DEL 2002**
> **La Transfiguración del Señor**
>
> **Daniel 7:9–10, 13–14**
> Su vestido era blanco como la nieve.
>
> **2 Pedro 1:16–19**
> Esta voz enviada del cielo
> la oímos nosotros.
>
> **Mateo 17:1–9**
> Este es mi Hijo amado.

 **A TRAVÉS DE ISAÍAS,** Dios invita a su pueblo a ir por agua, trigo, leche y vino, para cuantos no tengan dinero para pagar. En el evangelio de hoy, Jesús pide a sus discípulos que den de comer a las muchedumbres que lo siguen, pero estos sienten que se les pide algo imposible para ellos. ¿Qué son cinco panes y dos pescados para un pueblo hambriento?

Sin embargo, Cristo nos da un ejemplo admirable del bien que se puede hacer a los demás cuando uno es capaz de desprenderse de lo poco que tiene. ¿Qué son cinco panes y dos pescados para tanta gente? Para el Señor no funcionan las matemáticas. Las grandes cantidades de dinero de un rico pueden significar menos que la monedita de la viuda que da todo lo que tiene para comer. Cuando en los templos vemos las limosnas, podríamos desalentarnos y decir como alguien lo hizo: "¿Con estos cuantos centavos voy a hacerles su templo?" Sólo quien mira con los ojos de la fe puede esperar cosas que otros no serían capaces de ver.

Cuando se trata de las cosas de Dios, hay que poner toda nuestra confianza en él. Las personas sólo somos intermediarios en su obra. Tenemos fe, como la de Abraham: en plena ancianidad, Dios le pidió sacrificar a su hijo, última esperanza de que Dios cumpliera su palabra. Sin embargo, Dios tiene respuestas que muchas veces no alcanzamos ni siquiera a imaginar. Moisés golpea una roca en pleno desierto para dar de beber a un pueblo sediento y, al extender su vara, divide el mar en dos para que el pueblo camine hacia su libertad.

Si cada uno de nosotros es capaz de desprenderse de lo poco que le estorba en las bolsas del pantalón, la cartera o en el bolso de las mujeres, es probable que hubiera mucho menos hambre de la que hay en el mundo. Hoy hemos visto la necesidad de desprendernos de lo que tenemos, por poco que sea, ya que Dios lo multiplica de tal forma que se vuelve milagroso y todos alcanzan a saciarse. El milagro pues es compartir; Dios hará la multiplicación.

Además, hay que ver la multiplicación de los panes como el símbolo de lo que sería la multiplicación diaria del pan de vida que debe alimentar a los cristianos en su peregrinar hacia Dios. ¿Cuántos millones de seres humanos son alimentados diariamente por el pan de la vida? Todos estamos invitados a participar de la mesa que a la vez prefigura el banquete celestial en el que todos participaremos. ∎

VIVIENDO NUESTRA FE

Es lo más normal que siempre que se nos pide que ayudemos en la solución de algún problema en nuestra comunidad, inmediatamente pensemos que solos resolveremos el problema. Pocas veces se nos ocurre pensar en que Dios es el primer interesado en la solución de nuestros problemas, pues somos su criatura amada. Es importante trabajar con todas nuestras fuerzas e inteligencia para lograr lo que nos proponemos, pero jamás nos olvidemos que el Señor tiene formas de colaborar sin hacerse notar, y que muchas personas pueden quedarse con el engaño creyendo fueron ellas las de la obra.

PREGUNTAS PARA REFLEXIONAR

1. ¿Existen lugares donde se invite a las personas que no tienen dinero a comer y beber sin pagar?

2. ¿Cómo te has sentido cuando al desprenderte de alguna moneda ves los ojos de alegría y gratitud de aquella persona a la que ayudaste?

3. ¿Compartes la incredulidad de los apóstoles de dar de comer con unos cuantos panes y pescados a una multitud? ¿Por qué?

LECTURAS SEMANALES: Jeremías 28:1–17; Daniel 7:9–10, 13–14; Jeremías 13:1–7; 32:31–34; Nahúm 2:1, 3; 3:1–3, 6–7; 2 Corintios 9:6–10.

11 DE AGOSTO DEL 2002

PRIMERA LECTURA

1 Reyes 19:9,11–13

Al llegar al monte de Dios, el Horeb, el profeta Elías entró en una cueva y permaneció allí. El Señor le dijo: "Sal de la cueva y quédate en el monte para ver al Señor, porque el Señor va a pasar".

Así lo hizo Elías, y al acercarse el Señor, vino primero un viento huracanado, que partía las montañas y resquebrajaba las rocas; pero el Señor no estaba en el viento. Se produjo después un terremoto; pero el Señor no estaba en el terremoto. Luego vino un fuego; pero el Señor no estaba en el fuego. Después del fuego se escuchó el murmullo de una brisa suave. Al oírlo, Elías se cubrió el rostro con el manto y salió a la entrada de la cueva.

SEGUNDA LECTURA

Romanos 9:1–5

Hermanos: Les hablo con toda verdad en Cristo; no miento. Mi conciencia me atestigua, con la luz del Espíritu Santo, que tengo una infinita tristeza y un dolor incesante tortura mi corazón.

Hasta aceptaría verme separado de Cristo, si esto fuera para bien de mis hermanos, los de mi raza y de mi sangre, los israelitas, a quienes pertenecen la adopción filial, la gloria, la alianza, la ley, el culto y las promesas. Ellos son descendientes de los patriarcas; y de su raza, según la carne, nació Cristo, el cual está por encima de todo y es Dios bendito por los siglos de los siglos. Amén.

EVANGELIO

Mateo 14:22–33

En aquel tiempo, inmediatamente después de la multiplicación de los panes, Jesús hizo que sus discípulos subieran a la barca y se dirigieran a la otra orilla, mientras él despedía a la gente. Después de despedirla, subió al monte a solas para orar. Llegada la noche, estaba él solo allí. Entretanto, la barca iba ya muy lejos de la costa y las olas la sacudían, porque el viento era contrario. A la madrugada, Jesús fue hacia ellos, caminando sobre el agua. Los discípulos, al verlo andar sobre el agua, se espantaron y decían: "¡Es un fantasma!" Y daban gritos de terror. Pero Jesús les dijo enseguida: "Tranquilícense y no teman. Soy yo".

Entonces le dijo Pedro: "Señor, si eres tú, mándame ir a ti caminando sobre el agua". Jesús le contestó: "Ven". Pedro bajó de la barca y comenzó a caminar sobre el agua hacia Jesús; pero al sentir la fuerza del viento, le entró miedo, comenzó a hundirse y gritó: "¡Sálvame Señor!" Inmediatamente Jesús le tendió la mano, lo sostuvo y le dijo: "Hombre de poca fe, ¿por qué dudaste?"

En cuanto subieron a la barca, el viento se calmó. Los que estaban en la barca se postraron ante Jesús, diciendo: "Verdaderamente tú eres el Hijo de Dios".

JUEVES 15 DE AGOSTO DEL 2002
La Asunción de de la Virgen María

Apocalipsis 11:19a; 12:1–6a, 10ab
Una mujer, vestsida de sol, con la luna bajo los pies.

1 Corintios 15:20–26
A la cabeza, Cristo; en seguida, los que sean de Cristo.

San Lucas 1:39–56
El Todopoderoso hizo grandes cosas para mí: enaltece a los humildes.

NO SON pocas las veces en que la Escritura nos dice de Jesús que se retira para orar. En los días que antecedieron a los acontecimientos más importantes de su misión en la tierra, ordinariamente los preparaba con momentos intensos de oración. De manera especial, la víspera de sus sufrimientos, al elegir a sus discípulos y antes de iniciar su vida pública. El ejemplo de Jesús nos sugiere la oración no sólo en los momentos clave de la vida, sino siempre, porque cada momento de nuestra vida es clave.

Con su ejemplo, Jesús nos da a entender la gran necesidad que tenemos de hacer oración para encontrar la luz suficiente que nos ayude a descubrir la voluntad de Dios en todas y cada una de nuestras acciones. Además, necesitamos la fortaleza que sólo se encuentra en la oración para poder sobreponernos a los momentos duros y difíciles que en este mundo tendremos que enfrentar por muchos motivos.

Cuando las olas sacudan la barquilla de nuestra vida y los vientos se echen encima queriéndola hacer zozobrar, sólo la presencia de Cristo puede darnos esa paz y tranquilidad, que con su voz calma tempestades de todo tipo. ¿Cuántos fantasmas se agolpan en nuestra mente amenazando con aniquilarnos? Pero en cuanto el fantasma se diluye, la voz de Cristo nos dice: "Ánimo, soy yo, no tengan miedo". En ese instante, las cosas cambian y nos viene la confianza de Pedro que nos motiva a lanzarnos sobre las olas sin el menor temor y salir adelante a pesar de las graves dificultades.

Hay cosas que nos parecen imposibles de realizar; las vemos como fantasmas amenazantes. Pero Cristo mismo nos hace entender que es él quien se hace presente a través de esas situaciones: muerte de algún familiar, accidentes trágicos, quiebras en los negocios, enfermedades crónicas propias o de personas que amamos. En fin, pueden surgir tantas cosas inesperadas. La diferencia está cuando descubrimos que es el Señor quien nos pide que carguemos con ese tipo de cruces y que él irá dentro de nuestra misma barca; entonces los vientos se calman y la tempestad se vuelve brisa ligera.

Sin embargo, cuando queremos enfrentar solos la tempestad, sin el apoyo de la oración y de los demás, lo más normal es que nos suceda lo que le pasó a Pedro: la impotencia y el miedo se apoderan de nosotros y sentimos de inmediato el peligro de hundirnos y de perecer. ∎

VIVIENDO NUESTRA FE

Estamos viviendo tiempos de un ruido espantoso. Parecería que esta generación tiene miedo al silencio, como si quedarnos callados nos llevara obligadamente a escucharnos a nosotros mismos. La inmensa mayoría vivimos como si Dios fuera un cuento de curas y monjas y no queremos saber nada de lo que hay en nosotros mismos. El mundo nos tiene aturdidos con tanto grito. Son innumerables las voces que escuchamos y es casi imposible descubrir la voz de Dios. Todas tienen la verdad, pero hay una inmensidad de lobos vestidos de ovejas que tratan de llevarnos a fuentes envenenadas que en un instante causan la muerte de infinidad de ovejas que se dejan seducir.

PREGUNTAS PARA REFLEXIONAR

1. ¿Qué significado tiene en tu vida la oración?

2. ¿Sientes que te ayuda a ser persona más fuerte ante las crisis de la vida?

3. ¿Eres consciente de que sin la presencia de Dios en tu vida no podrás solucionar tus problemas? ¿Cómo lo manifiestas?

4. ¿Qué significa para ti el hecho de que a pesar de tus problemas Dios te siga llamando?

LECTURAS SEMANALES: Ezequiel 1:2–5, 24–28c; 2:8 — 3:4; 9:1–7; 10:18–22; Apocalipsis 11:19a; 12:1–6a, 10ab; Ezequiel 16:1–15, 60, 63; 18:1–10, 13b, 30–32.

PRIMERA LECTURA

Isaías 56:1, 6-7

Esto dice el Señor: "Velen por los derechos de los demás, practiquen la justicia, porque mi salvación está a punto de llegar y mi justicia a punto de manifestarse.

A los extranjeros que se han adherido al Señor para servirlo, amarlo y darle culto, a los que guardan el sábado sin profanarlo y se mantienen fieles a mi alianza, los conduciré a mi monte santo y los llenaré de alegría en mi casa de oración. Sus holocaustos y sacrificios serán gratos en mi altar, porque mi casa será casa de oración para todos los pueblos".

SEGUNDA LECTURA

Romanos 11:13-15, 29-32

Hermanos: Tengo algo que decirles a ustedes, los que no son judíos, y trato de desempeñar lo mejor posible este ministerio. Pero esto lo hago también para ver si provoco los celos de los de mi raza y logro salvar a algunos de ellos. Pues, si su rechazo ha sido reconciliación para el mundo, ¿qué no será su reintegración, sino resurrección de entre los muertos? Porque Dios no se arrepiente de sus dones ni de su elección.

Así como ustedes antes eran rebeldes contra Dios y ahora han alcanzado su misericordia con ocasión de la rebeldía de los judíos, en la misma forma, los judíos, que ahora son los rebeldes y que fueron la ocasión de que ustedes alcanzaran la misericordia de Dios, también ellos la alcanzarán. En efecto, Dios ha permitido que todos cayéramos en la rebeldía, para manifestarnos a todos su misericordia.

EVANGELIO

Mateo 15:21-28

En aquel tiempo, Jesús se retiró a la comarca de Tiro y Sidón. Entonces una mujer cananea le salió al encuentro y se puso a gritar: "Señor, hijo de David, ten compasión de mí. Mi hija está terriblemente atormentada por un demonio". Jesús no le contestó una sola palabra; pero los discípulos se acercaron y le rogaban: "Atiéndela, porque viene gritando detrás de nosotros". Él les contestó: "Yo no he sido enviado sino a las ovejas descarriadas de la casa de Israel".

Ella se acercó entonces a Jesús, y postrada ante él, le dijo: "¡Señor, ayúdame!" Él le respondió: "No está bien quitarles el pan a los hijos para echárselo a los perritos". Pero ella replicó: "Es cierto, Señor; pero también los perritos se comen las migajas que caen de la mesa de sus amos". Entonces Jesús le respondió: "Mujer, ¡qué grande es tu fe! Que se cumpla lo que deseas". Y en aquel mismo instante quedó curada su hija.

ISRAEL FUE la nación escogida por Dios para ser signo de su presencia en este mundo, pero con el tiempo se sintió dueña del mismo Dios. Sin embargo, no es la pertenencia a este pueblo por la sangre, la raza o la geografía lo que vale, sino la pertenencia por el espíritu.

Jesús mismo parece meternos en confusión cuando la mujer cananea le pide la salud para su hija y se excusa diciendo que ha sido enviado para reunir a las ovejas descarriadas del pueblo de Israel. Sin embargo, ante las insistencias y la fe tan firme de esta mujer, no le queda sino doblegarse y ceder.

Con la venida de Cristo se abre un horizonte inmenso de salvación para todos los pueblos de la tierra para formar parte del pueblo elegido. Habrá que tener un espíritu donde se adore a Dios verdaderamente. Ahora, a partir de Jesucristo, el Reino de los cielos nos pertenece a todos. Por Jesucristo todos somos hijos de Abraham.

Ahora lo importante no es ser judío, sino creer en el verdadero Dios y en su Hijo Jesucristo, a quien ha enviado. Pero no basta decir "Señor, Señor" para entrar en el Reino de los cielos, sino que es además indispensable cumplir en todo la voluntad del Padre expresada a través de Jesucristo.

Así como afirmamos que no basta ser judío para salvarse, lo mismo podemos decir que no basta ser católico para salvarse. Será el grado de fe y entrega a las cosas de Dios lo que marque la posibilidad de salvación. No es la pertenencia externa a la Iglesia la que salva, sino la cercanía a Dios y a los demás, el grado de conversión y arrepentimiento, y el esfuerzo tenaz y consciente de luchar cada día por estar lo más cerca posible del Señor.

No nos suceda lo que al hermano mayor, ante el regreso del hermano del 'malo de la película'. El hijo mayor está molesto y disgustado al ver todas las muestras de afecto que recibe su hermano cuando esperaba que su padre lo recibiera con una reprimenda fuerte y le cerrara las puertas de la casa por haberse marchado y malgastado todos los bienes de la familia.

Dios no está molesto con nadie. Nos recuerda que al haber estado en la casa, todo cuanto hay nos pertenece, pero hay que hacer fiesta por el regreso de su hermano. Con esto podemos ver que Dios siempre está con los brazos abiertos para recibir a cuantos crean en él y acepten a su Hijo, sin distinción de raza, credo, pueblo o nación. ■

VIVIENDO NUESTRA FE

Es muy frecuente que menospreciemos a los integrantes de otras religiones o denominaciones cristianas. Nos sentimos igual que los judíos, que creían estar salvados por el hecho de ser hijos de Abraham. Ahora nosotros, por el hecho de formar parte de la Iglesia podríamos creer que tenemos segura la salvación. Sin embargo, no es la pertenencia a la Iglesia lo que salva por sí sola, sino la respuesta y el compromiso a la Palabra de Dios. De esta manera, muchos que no forman parte de la Iglesia pero que se esfuerzan por responder a su conciencia y ajustar sus obras a ella, pueden darnos la sorpresa, como la mujer cananea.

PREGUNTAS PARA REFLEXIONAR

1. ¿Cúal es tu actitud hacia los no católicos?

2. ¿Qué te parece la fe de esta cananea, que se arriesga públicamente, por tal de conseguir la salud de su hija?

3. ¿Qué cosas podríamos aprender de esta mujer que, no obstante el rechazo de Jesús a su petición, se mantiene firme hasta conseguir lo deseado?

LECTURAS SEMANALES: Ezequiel 24:15–24; 28:1–10; 34:1–11; 36:23–28; 37:1–14; Apocalipsis 21:9b–14.

25 DE AGOSTO DEL 2002

PRIMERA LECTURA

Isaías 22:19-23

Esto dice el Señor a Sebná, mayordomo de palacio: "Te echaré de tu puesto y te destituiré de tu cargo. Aquel mismo día llamaré a mi siervo, a Eleacín, el hijo de Elcías; le vestiré tu túnica, le ceñiré tu banda y le traspasaré tus poderes.

Será un padre para los habitantes de Jerusalén y para la casa de Judá. Pondré la llave del palacio de David sobre su hombro. Lo que él abra, nadie lo cerrará; lo que él cierre, nadie lo abrirá. Lo fijaré como un clavo en muro firme y será un trono de gloria para la casa de su padre".

SEGUNDA LECTURA

Romanos 11:33-36

¡Qué inmensa y rica es la sabiduría y la ciencia de Dios! ¡Qué impenetrables son sus designios e incomprensibles sus caminos! ¿Quién ha conocido jamás el pensamiento del Señor o ha llegado a ser su consejero? ¿Quién ha podido darle algo primero, para que Dios se lo tenga que pagar? En efecto, todo proviene de Dios, todo ha sido hecho por él y todo está orientado hacia él. A él la gloria por los siglos de los siglos. Amén.

EVANGELIO

Mateo 16:13-20

En aquel tiempo, cuando llegó Jesús a la región de Cesarea de Filipo, hizo esta pregunta a sus discípulos: "¿Quién dice la gente que es el Hijo del hombre?" Ellos le respondieron: "Unos dicen que eres Juan el Bautista; otros, que Elías; otros, que Jeremías o alguno de los profetas".

Luego les preguntó: "Y ustedes, ¿quién dicen que soy yo?" Simón Pedro tomó la palabra y le dijo: "Tú eres el Mesías, el Hijo de Dios vivo".

Jesús le dijo entonces: "¡Dichoso tú, Simón, hijo de Juan, porque esto no te lo ha revelado ningún hombre, sino mi Padre, que está en los cielos! Y yo te digo a ti que tú eres Pedro y sobre esta piedra edificaré mi Iglesia. Los poderes del infierno no prevalecerán sobre ella. Yo te daré las llaves del Reino de los cielos; todo lo que ates en la tierra quedará atado en el cielo, y todo lo que desates en la tierra quedará desatado en el cielo". Y les ordenó a sus discípulos que no dijeran a nadie que él era el Mesías.

 **CONSCIENTE DE** que la mayoría de las personas aún no lograban conocerlo, Jesús pregunta a sus discípulos: ¿Quién dice la gente que es el Hijo del Hombre? La respuesta no se deja esperar: Cristo es uno de los grandes profetas del pasado o uno del presente. Pero Jesús no se queda tranquilo con la respuesta y se las dirige a sus discípulos: ¿Para ustedes, quién soy? Pedro responde de inmediato: "Tú eres el Mesías, el Hijo de Dios vivo". Entonces Cristo aclara que esta revelación ha sido dada de lo alto del cielo.

Si hiciéramos esta pregunta a la gente de nuestros días, ¿cuál sería su respuesta? Algunos dirán que es la respuesta a su vida; otros, en cambio, lo reconocerán como un gran hombre en la historia de la humanidad. Otros verán en la doctrina de Cristo algo absurdo, fuera de la realidad, algo imposible de llevar a la práctica, ideales para seres de otros mundos. Somos tantos los que nos llamamos seguidores suyos y, sin embargo, hay tantas contradicciones entre nosotros. Cada uno lo entiende de forma diversa, que en muchos lugares ha provocado guerras y persecuciones sin sentido.

Varias naciones han ido encontrando la manera de evitar enfrentamientos entre los mismos cristianos. Por el contrario, hay quienes no saben nada de Cristo, tampoco les interesa. Conocen un poco de él por motivos históricos, pero es todo. Cristo sigue siendo el gran desconocido de la historia.

Pedro habla de Cristo como del Mesías esperado, el Salvador del mundo, el Hijo de Dios vivo, y Cristo le responde encomendándole la dirección de su Iglesia y comprometiéndose a que los poderes del infierno no podrán someterla; también lo otorga a Pedro el poder de perdonar los pecados.

Algo que debemos tomar en consideración es que los cargos dentro de la Iglesia no están en proporción al grado de santidad de las personas, sino que el Señor elige a quien quiere. Si analizamos un poco la historia de Pedro, podremos reconocer que en varias ocasiones dejó mucho que desear con su comportamiento, llegando incluso a la negación total de Cristo. Además, cuando caminó sobre las aguas sus dudas lo hundieron. Pero su arrepentimiento fue tan profundo y sincero que Cristo no se tienta el corazón para ponerlo al frente de su Iglesia y presentarlo como el primer líder de su comunidad. ∎

VIVIENDO NUESTRA FE

Por más que sigamos quejándonos por las fallas y limitaciones, el Señor continuará sirviéndose de nosotros para continuar su obra. Los enemigos de la Iglesia seguirán criticándonos, pero a fin de cuentas son ya dos mil años que la Iglesia, a pesar de sus múltiples fallas y limitaciones, continúa cumpliendo su misión y extendiendo cada vez más el Reino de Dios. Esto prueba su origen divino y la presencia constante del Espíritu, quien hace que siga desempeñando su función de ser sacramento de Cristo. No es nada extraño que muchas personas tengan dudas serias para continuar como miembros de la Iglesia, sobre todo ante las fuertes críticas, especialmente cuando podemos comprobar que es verdad lo que afirman. Sin embargo, para un cristiano el modelo a seguir y el fundamento de su fe es Cristo.

PREGUNTAS PARA REFLEXIONAR

1. ¿Para ti, qué significa la Iglesia?

2. ¿Qué piensas de las personas para las cuales Cristo no significa nada? ¿Por qué crees que eso sucede?

3. ¿Cuál crees que sea la razón por la que Cristo sigue confiando en nosotros?

LECTURAS SEMANALES: 2 Tesalonicenses 1:1-5, 11b-12; 2:1-3a, 14-17; 3:6-10, 16-18; 1 Corintios 1:1-9; 1:17-25; 1:26-31.

PRIMERA LECTURA

Jeremías 20:7-9

Me sedujiste, Señor, y me dejé seducir; fuiste más fuerte que yo y me venciste. He sido el hazmerreír de todos; día tras día se burlan de mí. Desde que comencé a hablar, he tenido que anunciar a gritos violencia y destrucción. Por anunciar la palabra del Señor, me he convertido en objeto de oprobio y de burla todo el día. He llegado a decirme: "Ya no me acordaré del Señor ni hablaré más en su nombre". Pero había en mí como un fuego ardiente, encerrado en mis huesos; yo me esforzaba por contenerlo y no podía.

SEGUNDA LECTURA

Romanos 12:1-2

Hermanos: Por la misericordia que Dios les ha manifestado, los exhorto a que se ofrezcan ustedes mismos como una ofrenda viva, santa y agradable a Dios, porque en esto consiste el verdadero culto. No se dejen transformar por los criterios de este mundo, sino dejen que una nueva manera de pensar los transforme internamente, para que sepan distinguir cuál es la voluntad de Dios, es decir, lo que es bueno, lo que le agrada, lo perfecto.

EVANGELIO

Mateo 16:21-27

En aquel tiempo, comenzó Jesús a anunciar a sus discípulos que tenía que ir a Jerusalén para padecer allí mucho de parte de los ancianos, de los sumos sacerdotes y de los escribas; que tenía que ser condenado a muerte y resucitar al tercer día.

Pedro se lo llevó aparte y trató de disuadirlo, diciéndole: "No lo permita Dios, Señor. Eso no te puede suceder a ti". Pero Jesús se volvió a Pedro y le dijo: "¡Apártate de mí, Satanás, y no intentes hacerme tropezar en mi camino, porque tu modo de pensar no es el de Dios, sino el de los hombres!"

Luego Jesús dijo a sus discípulos: "El que quiera venir conmigo, que renuncie a sí mismo, que tome su cruz y me siga. Pues el que quiera salvar su vida, la perderá; pero el que pierda su vida por mí, la encontrará. ¿De qué le sirve a uno ganar el mundo entero, si pierde su vida? ¿Y qué podrá dar uno a cambio para recobrarla? Porque el Hijo del hombre ha de venir rodeado de la gloria de su Padre, en compañía de sus ángeles, y entonces le dará a cada uno lo que merecen sus obras".

 **EL PUEBLO** de Israel soñaba con un Mesías prodigioso que lo librara de la opresión romana y, posteriormente, forjara un reinado poderoso como el de David. Por su parte, Cristo preparaba un reinado completamente distinto y la condición para compartir ese Reino era el saber si podríamos beber la copa que el mismo Cristo bebería. Esto es, si estamos dispuestos a asumir el sacrificio, el testimonio de lo que somos como pueblo eucarístico, pero compartiendo también la experiencia del martirio como Jesús lo viviría. Aunque deseamos que Jesús nunca beba ese cáliz porque nos compromete seriamente con el Reino de Dios.

En nuestro mundo sobran personas sabias, que ante cualquier sufrimiento humano, lo primero que se les ocurre es sugerir salidas fáciles con el fin de que la persona no sufra, aunque, sin querer, la estén hundiendo en un sufrimiento mayor. Lo hacen en lugar de dar ánimos, de motivar a tomar el sufrimiento como algo que nos acerca y asemeja a Dios y que puede ser inmensamente salvador si se toma con paciencia y se ofrece al Señor por la salvación de todos y todas. Pero lo único que estas personas saben hacer es ofrecer una salida fácil y falsa, que muchas veces termina en amargura y desesperación.

Jesús nos invita a cargar con su cruz, mejor dicho, es él quien nos ayuda cargar la nuestra. Si queremos estar con él, debemos aceptar su llamado a seguirlo. Que no tengamos miedo a la cruz y la aceptemos con amor y verdadera entrega, y así sabremos que la recompensa que nos espera no es en nada comparable a todo lo que este mundo nos pueda ofrecer.

Cristo da con el clavo de las ambiciones humanas y nos advierte claramente la necesidad de ser justos, de estar unidos, de buscar su Reino, porque a fin de cuentas será esto lo que nos ganará el paso a la otra vida.

No son pocas las personas que le sacan la vuelta al sufrimiento; se les hace pesado vivir en gracia, no soportan asistir a Misa cada ocho días, se les hace imposible guardar los mandamientos y se lanzan vorazmente a la conquista de riquezas y placeres. Pero antes de lo que se imaginaban ya están hartas de todo y llenas de nada, con una ausencia de Dios espantosa. Por evadir el sufrimiento, caen de golpe en el sufrimiento más difícil: el alejamiento de Dios. ■

VIVIENDO NUESTRA FE

A nivel espiritual, la persona que no quiere sufrir por nada, que sólo quiere gozar en este mundo, todo le sucede. Sufrirá de todo y, para colmo de males, esos sufrimientos no le servirán de nada, por no saberlos aceptar por amor a Dios y en provecho de los demás. En cambio, quien sufre por amor, sufre con gusto y se siente feliz porque sabe que sus sufrimientos están sirviendo para calmar o atenuar los sufrimientos ajenos.

PREGUNTAS PARA REFLEXIONAR

1. ¿Qué respuesta encuentras al problema del sufrimiento?

2. ¿Crees que tenga sentido sufrir por amor a Cristo, a la Iglesia o a alguien en especial? ¿Por qué?

3. ¿Qué haces ante el sufrimiento de los demás?

LECTURAS SEMANALES: 1 Corintios 2:1–15; 2:10b–16; 3:1–9; 3:18–23; 4:1–5; 4:6b–15.

8 DE SEPTIEMBRE DEL 2002

PRIMERA LECTURA

Ezequiel 33:7-9

Esto dice el Señor: "A ti, hijo de hombre, te he constituido centinela para la casa de Israel. Cuando escuches una palabra de mi boca, tú se la comunicarás de mi parte.

Si yo pronuncio sentencia de muerte contra un hombre, porque es malvado, y tú no lo amonestas para que se aparte del mal camino, el malvado morirá por su culpa, pero yo te pediré a ti cuentas de su vida. En cambio, si tú lo amonestas para que deje su mal camino y él no lo deja, morirá por su culpa, pero tú habrás salvado tu vida".

SEGUNDA LECTURA

Romanos 13:8-10

Hermanos: No tengan con nadie otra deuda que la del amor mutuo, porque el que ama al prójimo, ha cumplido ya toda la ley. En efecto, los mandamientos que ordenan: "No cometerás adulterio, no robarás, no matarás, no darás falso testimonio, no codiciarás" y todos los otros, se resumen en éste: "Amarás a tu prójimo como a ti mismo", pues quien ama a su prójimo no le causa daño a nadie. Así pues, cumplir perfectamente la ley consiste en amar.

EVANGELIO

Mateo 18:15-20

En aquel tiempo, Jesús dijo a sus discípulos: "Si tu hermano comete un pecado, ve y amonéstalo a solas. Si te escucha, habrás salvado a tu hermano. Si no te hace caso, hazte acompañar de una o dos personas, para que todo lo que se diga conste por boca de dos o tres testigos. Pero si ni así te hace caso, díselo a la comunidad; y si ni a la comunidad le hace caso, apártate de él como de un pagano o de un publicano. Yo les aseguro que todo lo que aten en la tierra quedará atado en el cielo, y todo lo que desaten en la tierra quedará desatado en el cielo.

Yo les aseguro también que si dos de ustedes se ponen de acuerdo para pedir algo, sea lo que fuere, mi Padre celestial se lo concederá; pues donde dos o tres se reúnen en mi nombre, ahí estoy yo en medio de ellos".

SÁBADO 14 DE SEPTIEMBRE DEL 2002
La Exaltación de la Santa Cruz

Números 21:4-9
Los mordidos quedarán sanos al mirarla.

Filipenses 2:6-11
Se rebajó a sí mismo; por eso Dios lo engrandeció.

San Juan 3:13-17
Es necesario que el Hijo del Hombre sea levantado en alto.

CUANDO UNA persona toma un camino incorrecto en la vida, lo más frecuente que sucede es que todo el mundo le critique y acuse frente a otras personas de su mala forma de vivir, pero difícilmente encontraremos a alguien que le hable directamente, con caridad de samaritano, y le ayude a abandonar ese camino.

Al interior de las propias familias, es lo más natural que vivan en constantes dificultades cuando alguno de sus miembros toma un camino equivocado. Ordinariamente se le exige por todos los medios que deje aquello y se le hace una guerra difícil de sobrellevar, pero no analizamos antes con todo cuidado hasta donde es falta de voluntad, hasta dónde es ya una enfermedad crónica o hasta dónde se carezca por completo de voluntad para salir de aquella situación.

Hace mucha falta que, antes de criticar, condenar o difamar a las personas, tomemos en cuenta que nadie nos ha nombrado jueces de los demás, y que tengamos la suficiente caridad, calma y prudencia para llegar a esas personas y entender la realidad de su situación. Hace mucha falta que conozcamos su manera de pensar y sentir para saber por dónde acercarnos y ofrecer ayuda en verdad efectiva, de tal manera que cuando le pidamos a una persona que abandone algún tipo concreto de vida, le ofrezcamos opciones diferentes. De esta forma, podremos ser los primeros en ofrecer ayudas verdaderamente efectivas para que puedan salir definitivamente de su problema.

Sabemos perfectamente que nos encontraremos con casos en los que no haya ni la más mínima colaboración por parte de los afectados; es más, habrá quienes se sientan ofendidos o agredidos y en lugar de abandonar el mal camino, nos atacarán y criticarán de meternos en lo que no nos importa o dirán que estamos peor que ellos. Ante todo, mantengamos la caridad y el espíritu de oración por esa persona.

Cuando la situación se complique de esta manera, tendremos que buscar otros caminos posibles para dar la mano a estas personas. En estos casos puede ser muy bueno que sepamos encontrar a aquellas personas con las que se entienden mejor, que son sus amigos o que están comprometidos con ellos por cualquier otro motivo. El hecho de apoyarnos en personas con las que ellos lleven buenas relaciones puede facilitar el camino. ∎

VIVIENDO NUESTRA FE

Es muy común que algunas personas se sientan culpables por el mal que hacen sus hijos, incluso cuando ya son mayores de edad y no participan en los sacramentos. En el caso concreto de algunos hijos que no están casados por la Iglesia o que se divorcian y comienzan a vivir con otra pareja, los papás de ellos se sienten responsables de esa situación y no se acercan a los sacramentos por estos motivos. Es importante que estas personas tengan plena conciencia de su responsabilidad para con sus hijos de forma directa mientras completan su formación durante la infancia y adolescencia. Pero una vez que son adultos si no viven en conformidad con lo que se les enseñó, ante Dios y ante la comunidad, son ellos los responsables de sus obras. Los padres han de motivarlos a caminar correctamente con la palabra y el ejemplo.

PREGUNTAS PARA REFLEXIONAR

1. ¿Cuál es tu actitud frente a los defectos ajenos?

2. ¿Sabes tener la calma y prudencia necesarias para dar un buen consejo?

3. ¿Sabes tener paciencia frente a respuestas agresivas y ofensivas de personas a las que buscas ayudar?

4. ¿Cómo te preparas antes de hacerle a alguien un comentario sobre su manera de vivir?

LECTURAS SEMANALES: 1 Corintios 5:1-8; 6:1-11; 7:25-31; 8:1b-7; 9:16-19, 22b-27; Números 21:4b-9.

PRIMERA LECTURA

Eclesiástico (Sirácide) 27:33–28, 9

Cosas abominables son el rencor y la cólera; sin embargo, el pecador se aferra a ellas. El Señor se vengará del vengativo y llevará rigurosa cuenta de sus pecados.

Perdona la ofensa a tu prójimo, y así, cuando pidas perdón se te perdonarán tus pecados. Si un hombre le guarda rencor a otro, ¿le puede acaso pedir la salud al Señor? El que no tiene compasión de un semejante, ¿cómo pide perdón de sus pecados? Cuando el hombre que guarda rencor pide a Dios el perdón de sus pecados, ¿hallará quien interceda por él?

Piensa en tu fin y deja de odiar, piensa en la corrupción del sepulcro y guarda los mandamientos.

Ten presentes los mandamientos y no guardes rencor a tu prójimo. Recuerda la alianza del Altísimo y pasa por alto las ofensas.

SEGUNDA LECTURA

Romanos 14:7–9

Hermanos: Ninguno de nosotros vive para sí mismo, ni muere para sí mismo. Si vivimos, para el Señor vivimos; y si morimos, para el Señor morimos. Por lo tanto, ya sea que estemos vivos o que hayamos muerto, somos del Señor. Porque Cristo murió y resucitó para ser Señor de vivos y muertos.

EVANGELIO

Mateo 18:21–35

En aquel tiempo, Pedro se acercó a Jesús y le preguntó: "Si mi hermano me ofende, ¿cuántas veces tengo que perdonarlo? ¿Hasta siete veces?" Jesús le contestó: "No sólo hasta siete, sino hasta setenta veces siete".

Entonces Jesús les dijo: "El Reino de los cielos es semejante a un rey que quiso ajustar cuentas con sus servidores. El primero que le presentaron le debía muchos millones. Como no tenía con qué pagar, el señor mandó que lo vendieran a él, a su mujer, a sus hijos y todas sus posesiones, para saldar la deuda. El servidor, arrojándose a sus pies, le suplicaba, diciendo: 'Ten paciencia conmigo y te lo pagaré todo'. El rey tuvo lástima de aquel servidor, lo soltó y hasta le perdonó la deuda.

Pero, apenas había salido aquel servidor, se encontró con uno de sus compañeros, que le debía poco dinero. Entonces lo agarró por el cuello y casi lo estrangulaba, mientras le decía: 'Págame lo que me debes'. El compañero se le arrodilló y le rogaba: 'Ten paciencia conmigo y te lo pagaré todo'. Pero el otro no quiso escucharlo, sino que fue y lo metió en la cárcel hasta que le pagara la deuda. Al ver lo ocurrido, sus compañeros se llenaron de indignación y fueron a contar al rey lo sucedido. Entonces el señor lo llamó y le dijo: 'Siervo malvado. Te perdoné toda aquella deuda porque me lo suplicaste. ¿No debías tú también haber tenido compasión de tu compañero, como yo tuve compasión de ti?' Y el señor, encolerizado, lo entregó a los verdugos para que no lo soltaran hasta que pagara lo que debía.

Pues lo mismo hará mi Padre celestial con ustedes, si cada cual no perdona de corazón a su hermano".

 **UNO DE LOS PROBLEMAS** más difíciles de resolver es aprender a perdonar. Por naturaleza uno siempre tiende a la conservación de su vida y de la especie, así como de sus intereses. Esto hace que cuando nos sentimos atacados por alguno de estos dos aspectos, de manera casi espontánea nos defendamos. El ojo por ojo y diente por diente de la Ley de Moisés no es suficiente para tranquilizar la naturaleza humana.

De forma natural tratamos de salir siempre adelante, venciendo y sacando ventaja de cualquier cosa que nos hagan. Se dice con mucha razón que la naturaleza nunca perdona, el ser humano a veces y Dios siempre. ¿Qué significa esto?

El instinto animal del ser humano lo lleva de forma automática a luchar por la subsistencia de su persona y de su especie. Allí no hay razón ni motivo alguno que la incline a obrar de forma distinta. De forma instintiva, la naturaleza piensa en la defensa de sí misma antes que cualquier otra cosa y en ocasiones no sólo en la defensa sino también en el ataque. Se dice que el ser humano a veces perdona. Esto lo podemos constatar porque, ayudado de la razón puede reflexionar en la conveniencia de perdonar, por muchos otros motivos que no serán los instintivos y así aceptar y entender que perdonar es mejor que vengarse. Pongamos por caso cuando una persona nos ofende por alguna razón, pero al analizar las cosas caemos en la cuenta de que es una persona que nos quiere bien y nos ha hecho muchos favores. Quizá en aquel momento en que nos ofendió no pudo contenerse y a lo mejor pronto estará pidiendo una disculpa y reconociendo su falta. Otro caso puede ser cuando la persona que nos ha ofendido es una persona a la que le debemos infinidad de favores y que seguiremos necesitando de su apoyo y ayuda. Más nos vale perdonar y hacer las paces, incluso por propia conveniencia. Pero el verdadero motivo del perdón es la necesidad de ser verdaderamente cristianos.

Se trata de algo muy distinto cuando perdonamos por motivos sobrenaturales. En este caso, decimos que en cada falta nuestra Dios ve una oportunidad de perdonarnos y nosotros actuamos al revés, buscamos un motivo o falta ajena para condenar a los demás. Solamente teniendo en cuenta lo que implica ser cristianos podremos perdonar las faltas que se cometan contra nosotros, apoyados no en lo que dicta nuestra naturaleza, sino nuestra fe. ■

VIVIENDO NUESTRA FE

¿Cuántas veces nos habrá sucedido que inmediatamente después de que alguien nos presta una buena suma de dinero sin intereses y con todas las facilidades de pago, en cuanto nos encontramos con alguna persona que nos adeuda alguna pequeña cantidad y nos echamos encima de ella exigiendo que nos pague lo que nos debe? De nada sirve que nos suplique de muchas maneras que le tengamos paciencia porque las cosas no le han salido bien, pues ha tenido enfermedades en su familia o los negocios no han salido como esperaba. Nosotros no le damos ningún tiempo de espera; antes bien, le reclamamos de mil formas que así ha sido siempre, que nunca quiere pagar, que sólo son pretextos, y lo obligamos a que nos pague. ¿Esto es ser cristiano?

PREGUNTAS PARA REFLEXIONAR

1. ¿Cómo está tu capacidad de perdón ante las ofensas de los demás?

2. ¿Guardas resentimientos fuertes contra personas que te han ofendido? ¿Qué has hecho para superarlos?

3. ¿Conoces a personas que no han sabido perdonar alguna ofensa grave en toda su vida? ¿Qué piensas acerca de eso?

LECTURAS SEMANALES: 1 Corintios 11: 17-26, 33; 12:12-14, 27-31α; 12:31—13:13; 15:1-11; 15:12-20; Efesios 4:1-7, 11-13.

22 DE SEPTIEMBRE DEL 2002

PRIMERA LECTURA

Isaías 55:6-9

Busquen al Señor mientras lo pueden encontrar, invóquenlo mientras está cerca; que el malvado abandone su camino, y el criminal, sus planes; que regrese al Señor, y él tendrá piedad; a nuestro Dios, que es rico en perdón.

Mis pensamientos no son los pensamientos de ustedes, sus caminos no son mis caminos, dice el Señor. Porque así como aventajan los cielos a la tierra, así aventajan mis caminos a los de ustedes y mis pensamientos a sus pensamientos.

SEGUNDA LECTURA

Filipenses 1:20-24, 27

Hermanos: Ya sea por mi vida, ya sea por mi muerte, Cristo será glorificado en mí. Porque para mí, la vida es Cristo, y la muerte, una ganancia. Pero si el continuar viviendo en este mundo me permite trabajar todavía con fruto, no sabría yo qué elegir.

Me hacen fuerza ambas cosas: por una parte, el deseo de morir y estar con Cristo, lo cual, ciertamente, es con mucho lo mejor; y por la otra, el de permanecer en vida, porque esto es necesario para el bien de ustedes. Por lo que a ustedes toca, lleven una vida digna del evangelio de Cristo.

EVANGELIO

Mateo 20:1-16

En aquel tiempo, Jesús dijo a sus discípulos esta parábola: "El Reino de los cielos es semejante a un propietario que, al amanecer, salió a contratar trabajadores para su viña. Después de quedar con ellos en pagarles un denario por día, los mandó a su viña. Salió otra vez a media mañana, vio a unos que estaban ociosos en la plaza y les dijo: 'Vayan también ustedes a mi viña y les pagaré lo que sea justo'. Salió de nuevo a medio día y a media tarde e hizo lo mismo. Por último, salió también al caer la tarde y encontró todavía otros que estaban en la plaza y les dijo: '¿Por qué han estado aquí todo el día sin trabajar?' Ellos le respondieron: 'Porque nadie nos ha contratado'. Él les dijo: 'Vayan también ustedes a mi viña'.

Al atardecer, el dueño de la viña le dijo a su administrador: 'Llama a los trabajadores y págales su jornal, comenzando por los últimos hasta que llegues a los primeros'. Se acercaron, pues, los que habían llegado al caer la tarde y recibieron un denario cada uno. Cuando les llegó su turno a los primeros, creyeron que recibirían más; pero también ellos recibieron un denario cada uno. Al recibirlo, comenzaron a reclamarle al propietario, diciéndole: 'Esos que llegaron al último sólo trabajaron una hora, y sin embargo, les pagas lo mismo que a nosotros, que soportamos el peso del día y del calor'.

Pero él respondió a uno de ellos: 'Amigo, yo no te hago ninguna injusticia. ¿Acaso no quedamos en que te pagaría un denario? Toma, pues, lo tuyo y vete. Yo quiero darle al que llegó al último lo mismo que a ti. ¿Qué no puedo hacer con lo mío lo que yo quiero? ¿O vas a tenerme rencor porque yo soy bueno?'

De igual manera, los últimos serán los primeros, y los primeros, los últimos".

 **CUANDO DIOS** se muestra misericordioso, comprensivo y lleno de bondad, lo condenamos por injusto. No soportamos que Dios perdone o que dé más a quienes, según nuestros criterios, no merecen ni siquiera el pan que se comen.

El pensamiento y actitudes humanas son muy diferentes a los planes y procedimientos divinos. Jesús nos presenta a Dios como un propietario que anda en busca de trabajadores para el Reino de los cielos.

Pero este propietario es una persona buena que se preocupa más porque sus trabajadores tengan lo necesario para vivir. Antes de velar por su propio negocio, lleno de amor y comprensión, se da cuenta que todas estas personas tienen familia que sostener y que si no habían trabajado, no era por flojera, sino porque nadie les había ofrecido trabajo. Por eso le ordena a su administrador que les pague lo mismo a quienes soportaron el peso del día que a quienes trabajaron apenas una hora.

El propietario desde luego no es injusto porque da exactamente lo que ha prometido a quienes trabajaron desde la mañana. Simplemente ha cumplido con toda justicia el pacto que había hecho con los trabajadores, pero si ahora él quiere obrar en caridad y dar de lo propio a quienes no habían sido empleados, nadie puede reclamarle. Ésta es una queja permanente de parte de muchos hombres y mujeres para con Dios. ¿Por qué a ése que ni va a Misa y que anda en negocios turbios siempre le va bien y le sobran riquezas, mientras que a mí que siempre trato de hacer todo como Dios me lo pide, nunca puedo salir de lo mismo?

En primer lugar, quienes crean que la abundancia de bienes materiales es un signo de la predilección divina se equivocan por completo porque a Dios lo que en verdad le interesa es llevarnos consigo a su Reino para siempre. Los bienes materiales son ordinariamente un verdadero problema para cualquier persona porque fácilmente nos desvían o desorientan en el camino hacia el Reino de los cielos.

Una persona con muchos bienes llega incluso a sentir que no necesita de Dios porque cree tenerlo todo. ∎

VIVIENDO NUESTRA FE

Es importante formar la conciencia de nuestros empresarios para que, junto con la preocupación de que sus negocios continúen mejorando, tomen en cuenta que cada persona es miembro más de la gran familia de Dios y que debemos verlos como iguales. Es importante que los empresarios, antes de pensar sólo en sus negocios, pensaran en que Dios los ha escogido para que, con su capacidad y buenas intenciones, abran fuentes de trabajo para tanta gente que no encuentra empleo. Además, cuando las cosas vayan bien es importante que no se sientan dueños absolutos de sus ganancias, sino que cristiana y caritativamente sepan compartirlas con sus empleados que en definitiva son los que los hacen ricos.

PREGUNTAS PARA REFLEXIONAR

1. Si eres patrón, ¿Qué clase de patrón eres? ¿Vas más allá de lo marcado por la ley?

2. ¿Has sentido alguna vez el paso del Señor por tu vida pidiéndote una respuesta?

3. ¿Qué le dirías a una persona que reniega de Dios porque le va mal en la vida?

LECTURAS SEMANALES: Proverbios 3:27-34; 21:1-6, 10-13; 30:5-9; Eclesiastés 1:2-11; 3:1-11; 11:9—12:8.

PRIMERA LECTURA

Ezequiel 18:25-28

Esto dice el Señor: "Si ustedes dicen: 'No es justo el proceder del Señor', escucha, casa de Israel: ¿Conque es injusto mi proceder? ¿No es más bien el proceder de ustedes el injusto?

Cuando el justo se aparta de su justicia, comete la maldad y muere; muere por la maldad que cometió. Cuando el pecador se arrepiente del mal que hizo y practica la rectitud y la justicia, él mismo salva su vida. Si recapacita y se aparta de los delitos cometidos, ciertamente vivirá y no morirá".

SEGUNDA LECTURA

Filipenses 2:1-11

Hermanos: Si alguna fuerza tiene una advertencia en nombre de Cristo, si de algo sirve una exhortación nacida del amor, si nos une el mismo Espíritu y si ustedes me profesan un afecto entrañable, llénenme de alegría teniendo todos una misma manera de pensar, un mismo amor, unas mismas aspiraciones y una sola alma. Nada hagan por espíritu de rivalidad ni presunción; antes bien, por humildad, cada uno considere a los demás como superiores a sí mismo y no busque su propio interés, sino el del prójimo. Tengan los mismos sentimientos que tuvo Cristo Jesús.

Cristo, siendo Dios, no consideró que debía aferrarse a las prerrogativas de su condición divina, sino que, por el contrario, se anonadó a sí mismo, tomando la condición de siervo, y se hizo semejante a los hombres. Así, hecho uno de ellos, se humilló a sí mismo y por obediencia aceptó incluso la muerte una muerte de cruz.

Por eso Dios lo exaltó sobre todas las cosas y le otorgó el nombre que está sobre todo nombre, para que al nombre de Jesús todos doblen la rodilla en el cielo, en la tierra y en los abismos, y todos reconozcan públicamente que Jesucristo es el Señor, para gloria de Dios Padre.

EVANGELIO

Mateo 21:28-32

En aquel tiempo, Jesús dijo a los sumos sacerdotes y a los ancianos del pueblo: "¿Qué opinan de esto? Un hombre que tenía dos hijos fue a ver al primero y le ordenó: 'Hijo, ve a trabajar hoy en la viña'. Él le contestó: 'Ya voy, señor', pero no fue. El padre se dirigió al segundo y le dijo lo mismo. Este le respondió: 'No quiero ir', pero se arrepintió y fue. ¿Cuál de los dos hizo la voluntad del padre?" Ellos le respondieron: "El segundo".

Entonces Jesús les dijo: "Yo les aseguro que los publicanos y las prostitutas se les han adelantado en el camino del Reino de Dios. Porque vino a ustedes Juan, predicó el camino de la justicia y no le creyeron; en cambio, los publicanos y las prostitutas, sí le creyeron; ustedes, ni siquiera después de haber visto, se han arrepentido ni han creído en él".

 **SON PALABRAS** duras. Los templos se ponen a reventar los domingos, pero ¿Cuántas personas de las que asisten es lo único que hacen y muchas veces ni siquiera participan en la Misa con atención, no digamos si escuchan la proclamación o si comulgan? Van sólo con el afán de cumplir con una costumbre tradicional, pero no dan un paso para cumplir con los deberes sagrados de un cristiano. A la hora que se les pide un favor, siempre les sobran pretextos para no hacerlo. En su vida diaria, no se nota que influya para nada su presencia en los templos. Siempre están en pleito con los vecinos. Dentro de la misma familia no se les puede hablar porque siempre están de mal humor; nada les agrada y todo lo critican. Con su pareja no salen de acuerdo jamás. Siempre los demás son los de la culpa. Son los primeros en saberse la Biblia de memoria. Cuando alguien les advierte sobre la incongruencia de su vida, de inmediato se defienden afirmando que ellos saben perfectamente cómo comportarse.

Por otro lado, nos encontramos con otro tipo de personas que a lo mejor no van con tanta frecuencia al templo ni son tan rezanderos, pero cuando alguna persona tiene un problema o dificultad son las primeras que se hacen presentes para darles la mano. Quizá no se confiesan tan seguido, pero cuando se acercan a Dios lo hacen de corazón y se nota el cambio en su relación con aquellas personas con las que comparten su vida.

Hay muchas personas que se echan compromisos por todos lados, pero a la hora de la hora no cumplen con nada. Quieren lucirse y aparecer como gente muy comprometida.

Otras, sin que nadie les diga nada, allí están presentes, trabajando con esmero y en silencio, haciendo la voluntad de Dios, sin esperar halagos, recompensas o reconocimientos por lo que han hecho.

Cuántas personas hay en nuestro mundo que se llaman y aparecen ser cristianos comprometidos, incluso en labores pastorales, y que en sus negocios faltan con toda tranquilidad a las normas más elementales de justicia. Pagan salarios que dejan mucho que desear y a sus empleados los tratan como si fueran dueños de ellos, exigiéndoles con groserías y malos tratos el cumplimiento de sus tareas diarias.

Si la presencia de las personas en el templo se debe sentir positivamente en la vida diaria. ∎

VIVIENDO NUESTRA FE

Es labor común en muchas de nuestras gentes tener medidos y pesados a los demás. Saben quién está casado por la Iglesia y quién no. Quién paga bien y quién no. Quién maltrata a sus empleados y quién los trata bien. Quién se ha hecho rico a base de malos negocios, fraudes y robos. Quién maltrata o es infiel a la esposa. Quién golpea a los hijos y los explota. En fin, están completamente enterados lo que sucede a su alrededor y critican las actitudes de los demás, como quien tiene todos los argumentos en la mano. Sería mejor llevar una vida digna conforme a lo que el Señor nos pide y despreocuparnos un poco de las fallas ajenas.

PREGUNTAS PARA REFLEXIONAR

1. ¿Te identificas con la párabola? ¿Cómo?
2. ¿Cuáles personas se nos adelantarán al Reino de Dios? ¿Por qué?

LECTURAS SEMANALES: Job 1:6-22; 3:1-3, 11-17, 20-23; 9:1-12, 14-16; 19:21-27; 38:1, 12-21; 42:1-3, 5-6, 12-17.

6 DE OCTUBRE DEL 2002

PRIMERA LECTURA

Isaías 5:1-7

Voy a cantar, en nombre de mi amado, una canción a su viña. Mi amado tenía una viña en una ladera fértil. Removió la tierra, quitó las piedras y plantó en ella vides selectas; edificó en medio una torre y excavó un lagar. Él esperaba que su viña diera buenas uvas, pero la viña dio uvas agrias.

Ahora bien, habitantes de Jerusalén y gente de Judá, yo les ruego, sean jueces entre mi viña y yo. ¿Qué más pude hacer por mi viña, que yo no lo hiciera? ¿Por qué cuando yo esperaba que diera uvas buenas, las dio agrias?

Ahora voy a darles a conocer lo que haré con mi viña; le quitaré su cerca y será destrozada. Derribaré su tapia y será pisoteada. La convertiré en un erial, nadie la podará ni le quitará los cardos, crecerán en ella los abrojos y las espinas, mandaré a las nubes que no lluevan sobre ella.

Pues bien, la viña del Señor de los ejércitos es la casa de Israel, y los hombres de Judá son su plantación preferida. El Señor esperaba de ellos que obraran rectamente y ellos, en cambio, cometieron iniquidades; él esperaba justicia y sólo se oyen reclamaciones.

SEGUNDA LECTURA

Filipenses 4:6-9

Hermanos: No se inquieten por nada; más bien presenten en toda ocasión sus peticiones a Dios en la oración y la súplica, llenos de gratitud. Y que la paz de Dios, que sobrepasa toda inteligencia, custodie sus corazones y sus pensamientos en Cristo Jesús.

Por lo demás, hermanos, aprecien todo lo que es verdadero y noble, cuanto hay de justo y puro, todo lo que es amable y honroso, todo lo que sea virtud y merezca elogio. Pongan por obra cuanto han aprendido y recibido de mí, todo lo que yo he dicho y me han visto hacer; y el Dios de la paz estará con ustedes.

EVANGELIO

Mateo 21:33-43

En aquel tiempo, Jesús dijo a los sumos sacerdotes y a los ancianos del pueblo esta parábola: "Había una vez un propietario que plantó un viñedo, lo rodeó con una cerca, cavó un lagar en él, construyó una torre para el vigilante y luego lo alquiló a unos viñadores y se fue de viaje.

Llegado el tiempo de la vendimia, envió a sus criados para pedir su parte de los frutos a los viñadores; pero éstos se apoderaron de los criados, golpearon a uno, mataron a otro y a otro más lo apedrearon. Envió de nuevo a otros criados, en mayor número que los primeros, y los trataron del mismo modo.

Por último, les mandó a su propio hijo, pensando: 'A mi hijo lo respetarán'. Pero cuando los viñadores lo vieron, se dijeron unos a otros: 'Este es el heredero. Vamos a matarlo y nos quedaremos con su herencia'. Le echaron mano, lo sacaron del viñedo y lo mataron. Ahora, díganme: cuando vuelva el dueño del viñedo, ¿qué hará con esos viñadores?" Ellos le respondieron: "Dará muerte terrible a esos desalmados y arrendará el viñedo a otros viñadores, que le entreguen los frutos a su tiempo".

Entonces Jesús les dijo: "¿No han leído nunca en la Escritura: La piedra que desecharon los constructores, es ahora la piedra angular. Esto es obra del Señor y es un prodigio admirable?

Por esta razón les digo a ustedes que les será quitado el Reino de Dios y se le dará a un pueblo que produzca sus frutos".

LAS PARÁBOLAS de Jesús nos ofrecen su mensaje con una claridad incomparable. Las imágenes que utiliza hacen que hasta los más pequeños las entiendan. Quizá para la gente de nuestro tiempo haya imágenes que ya no les digan demasiado, pero basta suplir una imagen de aquel tiempo por cualquier imagen de nuestro tiempo y el mensaje se comprende de inmediato.

¿Qué más pude hacer por mi viña que no haya hecho? Jesús nos habla de los tiernos y delicados cuidados que Dios tiene para con todos y cada uno de nosotros. Al compararnos con esa viña, a la cual ya no se puede ofrecer nada porque ya se le ha dado todo cuanto se le podía ofrecer, Jesús nos quiere advertir que lo demás es cosa nuestra, que debemos producir frutos agradables al Padre.

El Señor no quiere la muerte del pecador, sino que se convierta y viva. Pero a veces el empecinamiento humano llega a niveles tan exagerados que Dios, respetando la libertad que nos ha dado, contempla la manera en que nos vamos alejando de él y de la comunidad que nos ha dado para compartir nuestra fe, nuestros frutos.

La paciencia de Dios es infinita. Siempre espera hasta el final dándonos tiempo a que enmendemos nuestros pasos, esperando que obremos rectamente. Pero frecuentemente queremos hacer nuestro propio camino, dejando a un lado el que ya nos ha marcado el Señor.

Amor con amor se paga, dice un adagio común. Si Dios ha manifestado tanto amor por nosotros y nos ofrece tantos cuidados para que demos frutos de vida eterna, ¿Por qué obstinarnos en seguir nuestros malos caminos, que sólo lastiman a quienes nos rodean y que terminan por destruirnos a nosotros mismos?

Como el árbol plantado a la orilla del río, que siempre está lozano y frondoso y que da frutos varias veces al año, así deberíamos estar nosotros pegados a la corriente de vida que es Cristo. ■

VIVIENDO NUESTRA FE

Cuando escuchamos la voz del Señor a través del profeta, donde nos muestra los cuidados tan tiernos y delicados que Dios tiene para con todos y cada uno de nosotros, no nos queda sino enmudecer y quedar pasmados de asombro ante tantas personas que se quejan amargamente de que Dios las olvida, o incluso en muchos casos se quejan y reniegan culpando a Dios de todo lo malo que les sucede. No nos queda sino corresponder al gran amor que Dios nos tiene, y manifestarlo en el trato con los semejantes. Cuando el dueño de nuestra vida venga en busca de los frutos sabrosos de nuestras buenas obras, no lo desilusionemos con frutos agrios o descompuestos.

PREGUNTAS PARA REFLEXIONAR

1. ¿Tenías conciencia de los enormes cuidados que Dios tiene para con cada uno de nosotros?

2. ¿Qué haces para producir frutos de vida eterna?

3. ¿Qué sientes cuando escuchas a esas personas que siempre se están quejando de Dios?

LECTURAS SEMANALES: Gálatas 1:6-12; 1:13-24; 2:1-2, 7-14; 3:1-5; 3:7-14; 3:22-29.

13 DE OCTUBRE DEL 2002

PRIMERA LECTURA

Isaías 25:6–10

En aquel día, el Señor del universo preparará sobre este monte un festín con platillos suculentos para todos los pueblos; un banquete con vinos exquisitos y manjares sustanciosos. Él arrancará en este monte el velo que cubre el rostro de todos los pueblos, el paño que oscurece a todas las naciones. Destruirá la muerte para siempre; el Señor Dios enjugará las lágrimas de todos los rostros y borrará de toda la tierra la afrenta de su pueblo. Así lo ha dicho el Señor.

En aquel día se dirá: "Aquí está nuestro Dios, de quien esperábamos que nos salvara. Alegrémonos y gocemos con la salvación que nos trae, porque la mano del Señor reposará en este monte".

SEGUNDA LECTURA

Filipenses 4:12–14, 19–20

Hermanos: Yo sé lo que es vivir en pobreza y también lo que es tener de sobra. Estoy acostumbrado a todo: lo mismo a comer bien que a pasar hambre; lo mismo a la abundancia que a la escasez. Todo lo puedo unido a aquel que me da fuerza. Sin embargo, han hecho ustedes bien en socorrerme cuando me vi en dificultades.

Mi Dios, por su parte, con su infinita riqueza, remediará con esplendidez todas las necesidades de ustedes, por medio de Cristo Jesús. Gloria a Dios, nuestro Padre, por los siglos de los siglos. Amén.

EVANGELIO

Mateo 22:1–14

En aquel tiempo, volvió Jesús a hablar en parábolas a los sumos sacerdotes y a los ancianos del pueblo, diciendo: "El Reino de los cielos es semejante a un rey que preparó un banquete de bodas para su hijo. Mandó a sus criados que llamaran a los invitados, pero éstos no quisieron ir.

Envió de nuevo a otros criados que les dijeran: 'Tengo preparado el banquete; he hecho matar mis terneras y los otros animales gordos; todo está listo. Vengan a la boda'. Pero los invitados no hicieron caso. Uno se fue a su campo, otro a su negocio y los demás se les echaron encima a los criados, los insultaron y los mataron.

Entonces el rey se llenó de cólera y mandó sus tropas, que dieron muerte a aquellos asesinos y prendieron fuego a la ciudad.

Luego les dijo a sus criados: 'La boda está preparada; pero los que habían sido invitados no fueron dignos. Salgan, pues, a los cruces de los caminos y conviden al banquete de bodas a todos los que encuentren'. Los criados salieron a los caminos y reunieron a todos los que encontraron, malos y buenos, y la sala del banquete se llenó de convidados.

Cuando el rey entró a saludar a los convidados vio entre ellos a un hombre que no iba vestido con traje de fiesta y le preguntó: 'Amigo, ¿cómo has entrado aquí sin traje de fiesta?' Aquel hombre se quedó callado. Entonces el rey dijo a los criados: 'Átenlo de pies y manos y arrójenlo fuera, a las tinieblas. Allí será el llanto y la desesperación. Porque muchos son los llamados y pocos los escogidos'".

EN LOS BANQUETES siempre vemos a personas que han sido invitadas de manera personal. Prácticamente no hay nadie que no haya sido invitado: familiares, amigos y aquellas personas con las que se tienen compromisos recíprocos, y lo normal es que cuando reciben una invitación se sientan con el compromiso de asistir, porque temen que el día en que se le ocurra hacer algo parecido no haya quienes la acompañen.

Lo interesante del evangelio de hoy es ver cómo este rey tiene una idea poco común. Manda a sus criados a que traigan a la boda de su hijo a todo el que encuentren, con una sola condición: que tengan el traje de fiesta. De ahí que, al momento de dar la bienvenida a quien no trae el traje de fiesta, se le cuestiona: "Amigo, ¿Cómo has entrado sin el traje de fiesta?". Ante el silencio de esta persona, pide a sus servidores que lo arrojen fuera. Esa es una actitud bastante dura por parte de quien abre las puertas a toda persona para que participe en su banquete.

Ante el rechazo de los llamados a la salvación, las puertas del Reino se abren a toda la humanidad, siendo así la salvación algo universal, y Jesús manifiesta abiertamente que muchos se nos adelantarán en el camino del Reino. Habla además de un plan de perdón para las ciudades que fueron castigadas, como Sodoma y Gomorra, y para quienes no tuvieron contacto con la promesa de salvación y con su realización. Cree que si hubiesen sido testigos, también se hubiesen arrepentido y en consecuencia tendrían su traje de fiesta. Esto mismo se puede repetir para cada uno de nosotros, pues después de dos mil años de prodigios y señales, somos demasiados los que aún permanecemos mudos ante la pregunta del rey sobre por qué no tenemos el traje de fiesta.

Además, cuando el Señor nos llama a producir frutos de vida eterna, siempre tenemos pretextos; cuando nos invita a participar en la mesa eucarística, siempre tenemos muchos otros compromisos que nos impiden acercarnos y vivir en gracia; no podemos librarnos de los brazos de la lujuria, la embriaguez, la cólera, la ambición, el engaño, la mentira, los negocios chuecos, el ignorar el grito de los pobres o de la justicia social, etcétera. ∎

VIVIENDO NUESTRA FE

Son muchos los que atienden a la invitación, pero se olvidan de ponerse el traje de fiesta y corren el peligro de que, a la hora en que entre el rey, sean arrojados fuera. Podríamos decir que nadie piensa en la posibilidad de la muerte. Son demasiados los invitados al banquete de bodas que no llevan ninguna prisa por vestir el traje de bodas. Son personas acostumbradas a vivir sin la gracia de Dios y esperan que el rey les dé la oportunidad en el último instante de su existencia para arreglar los asuntos de su conciencia. Esta manera de pensar y de vivir es demasiado riesgosa porque nadie tiene la vida segura y, a la hora en que menos lo pensemos, puede llegar el Hijo del Hombre y pedirnos cuentas de la administración.

PREGUNTAS PARA REFLEXIONAR

1. ¿Cuántas veces has recibido la invitación del Señor a enderezar tu vida?

2. ¿Has sentido el llamado del Señor a convertirte en pregonero de su Palabra? ¿Cuál ha sido tu respuesta?

3. ¿Recuerdas el testimonio de un apóstol de tu comunidad que te haya impresionado por su manera de vivir?

LECTURAS SEMANALES: Gálatas 4:22–24, 26–27, 31—5:1; 5:1–6; 5:18–25; Efesios 1:1–10; 2 Timoteo 4:10–17b; Efesios 1:15–23.

PRIMERA LECTURA

Isaías 45:1, 4–6

Así habló el Señor a Ciro, su ungido, a quien ha tomado de la mano para someter ante él a las naciones y desbaratar la potencia de los reyes, para abrir ante él los portones y que no quede nada cerrado: "Por amor a Jacob, mi siervo, y a Israel, mi escogido, te llamé por tu nombre y te di un título de honor, aunque tú no me conocieras. Yo soy el Señor y no hay otro; fuera de mí no hay Dios. Te hago poderoso, aunque tú no me conoces, para que todos sepan, de oriente a occidente, que no hay otro Dios fuera de mí. Yo soy el Señor y no hay otro".

SEGUNDA LECTURA

1 Tesalonicenses 1:1–5

Pablo, Silvano y Timoteo deseamos la gracia y la paz a la comunidad cristiana de los tesalonicenses, congregada por Dios Padre y por Jesucristo, el Señor.

En todo momento damos gracias a Dios por ustedes y los tenemos presentes en nuestras oraciones. Ante Dios, nuestro Padre, recordamos sin cesar las obras que manifiestan la fe de ustedes, los trabajos fatigosos que ha emprendido su amor y la perseverancia que les da su esperanza en Jesucristo, nuestro Señor.

Nunca perdemos de vista, hermanos muy amados de Dios, que él es quien los ha elegido. En efecto, nuestra predicación del evangelio entre ustedes no se llevó a cabo sólo con palabras, sino también con la fuerza del Espíritu Santo, que produjo en ustedes abundantes frutos.

EVANGELIO

Mateo 22:15–21

En aquel tiempo, se reunieron los fariseos para ver la manera de hacer caer a Jesús, con preguntas insidiosas, en algo de que pudieran acusarlo.

Le enviaron, pues, a algunos de sus secuaces, junto con algunos del partido de Herodes, para que le dijeran: "Maestro, sabemos que eres sincero y enseñas con verdad el camino de Dios, y que nada te arredra, porque no buscas el favor de nadie. Dinos, pues, qué piensas: ¿Es lícito o no pagar el tributo al César?"

Conociendo Jesús la malicia de sus intenciones, les contestó: "Hipócritas, ¿por qué tratan de sorprenderme? Enséñenme la moneda del tributo". Ellos le presentaron una moneda. Jesús les preguntó: "¿De quién es esta imagen y esta inscripción?" Le respondieron: "Del César". Y Jesús concluyó: "Den, pues, al César lo que es del César, y a Dios lo que es de Dios".

PARA QUIENES se esfuerzan en este mundo por vivir conforme a la voluntad de Dios, son innumerables las trampas que los malvados tienden a su paso. ¡Cuántas personas hay que con un gesto de bondad y apariencia de complicidad encierran en lo más íntimo de su conciencia una refinada malicia con la que pretenden burlarse públicamente y poner en ridículo a quienes tienen propósitos de hacer las cosas bien!

Los malvados no soportan ver que alguien pueda obrar bien porque pone en evidencia su mal obrar. La presencia de una persona justa molesta en cualquier parte. Cuando una persona quiere ser honrada en su trabajo y se preocupa por hacer bien su trabajo y agradar a su patrón, no falta quien lo tache de hipócrita y barbero. Son muchas las personas en este mundo que están buscando la manera de hacer caer en contradicciones en el hablar y obrar a quienes se preocupan por hacer las cosas responsablemente y les siguen los pasos uno a uno hasta que los hacen tropezar. Cuando los ven caídos, exhiben públicamente sus errores para humillarlos y avergonzarlos. Con esto, tratan de pagarse el hecho de que anteriormente el buen obrar de los justos los haya puesto en evidencia ante la comunidad en su mal obrar.

Cuando se trata de la política, los negocios o algún trabajo en concreto, no es raro encontrarse con personas que salen beneficiadas por altos niveles de corrupción. En la política sobran personas que ofrecen a los gobernantes fuertes cantidades de dinero para conseguir algún tipo de concesiones, privilegios o ventajas en cuestión de lugares o tipos de negocios. A la hora de los negocios, hay infinidad de personas que son demasiado listas para manejar de forma fraudulenta ganancias exageradas. Siempre hay caminos para lograr productos con los mínimos costos y obtener ganancias injustas a costa de los consumidores que, para cuando se quieren dar cuenta, ya fueron perjudicados en el negocio. En el trabajo mismo hay muchas personas que se ponen de acuerdo para hacer lo menos posible, de tal suerte que si alguno de los compañeros se quiere pasar de listo y quiere trabajar de forma responsable, de inmediato se le echan todos encima y lo obligan a trabajar igual que ellos o a que deje el trabajo.

Cristo Nuestro Señor, ante la perniciosa sagacidad de sus perseguidores, da una respuesta sabia con la que los deja callados. ∎

VIVIENDO NUESTRA FE

¿De qué lado te encuentras? ¿Entre los que a diario luchan por dar un pasito más en el camino de la virtud, o entre quienes no pueden soportar o no alcanzan a creer que otros sí pueden hacer las cosas bien? Hace falta que en nuestra vida sepamos agradecer o aprovechar al máximo el que otras personas nos ayuden a descubrir nuestras faltas y, junto con ellas, emprendiéramos un programa de corregirnos y mejorar en todos los aspectos.

PREGUNTAS PARA REFLEXIONAR

1. ¿Cómo te sientes ante esas personas que por fuerza quieren meterte en su mal vivir?

2. ¿Crees que sea amistad el hecho de que alguien te obligue a compartir una botella de vino o alguna otra atadura?

3. ¿Qué experiencia tienes de esas personas que sólo piensan en hacer caer a otros?

4. ¿Qué podemos aprender de Cristo frente a quienes buscan hacerle caer en una trampa?

LECTURAS SEMANALES: Efesios 2:1–10; 2:12–22; 3:1–12; 3:14–21; 4:1–6; 4:7–16.

PRIMERA LECTURA

Éxodo 22:20-26

Esto dice el Señor a su pueblo: "No hagas sufrir ni oprimas al extranjero, porque ustedes fueron extranjeros en Egipto. No explotes a las viudas ni a los huérfanos, porque si los explotas y ellos claman a mí, ciertamente oiré yo su clamor; mi ira se encenderá, te mataré a espada, tus mujeres quedarán viudas y tus hijos, huérfanos.

Cuando prestes dinero a uno de mi pueblo, al pobre que está contigo, no te portes con él como usurero, cargándole intereses.

Si tomas en prenda el manto de tu prójimo, devuélveselo antes de que se ponga el sol, porque no tiene otra cosa con qué cubrirse; su manto es su único cobertor y si no se lo devuelves, ¿cómo va a dormir? Cuando él clame a mí, yo lo escucharé, porque soy misericordioso".

SEGUNDA LECTURA

1 Tesalonicenses 1:5-10

Hermanos: Bien saben cómo hemos actuado entre ustedes para su bien. Ustedes, por su parte, se hicieron imitadores nuestros y del Señor, pues en medio de muchas tribulaciones y con la alegría que da el Espíritu Santo, han aceptado la palabra de Dios en tal forma, que han llegado a ser ejemplo para todos los creyentes de Macedonia y Acaya, porque de ustedes partió y se ha difundido la palabra del Señor; y su fe en Dios ha llegado a ser conocida, no sólo en Macedonia y Acaya, sino en todas partes; de tal manera, que nosotros ya no teníamos necesidad de decir nada.

Porque ellos mismos cuentan de qué manera tan favorable nos acogieron ustedes y cómo, abandonando los ídolos, se convirtieron al Dios vivo y verdadero para servirlo, esperando que venga desde el cielo su Hijo, Jesús, a quien él resucitó de entre los muertos, y es quien nos libra del castigo venidero.

EVANGELIO

Mateo 22:34-40

En aquel tiempo, habiéndose enterado los fariseos de que Jesús había dejado callados a los saduceos, se acercaron a él. Uno de ellos, que era doctor de la ley, le preguntó para ponerlo a prueba: "Maestro, ¿cuál es el mandamiento más grande de la ley?"

Jesús le respondió: "Amarás al Señor, tu Dios, con todo tu corazón, con toda tu alma y con toda tu mente. Este es el más grande y el primero de los mandamientos. Y el segundo es semejante a éste: Amarás a tu prójimo como a ti mismo. En estos dos mandamientos se fundan toda la ley y los profetas".

VIERNES 1° DE NOVIEMBRE DEL 2002
Solemnidad de todos los Santos

Apocalipsis 7:2-4, 9-14

San Juan 3:1-3
Veremos a Dios tal cual es.

San Mateo 5:1-12
Alégrense y salten de contento, porque su premio será grande en los cielos.

 **EL MANDATO** del Señor de amarnos unos a otros no hay que tomarlo como una orden, sino como una verdadera necesidad esencial a nuestra vida. Por naturaleza fuimos creados para amar y ser amados. Absolutamente todos necesitamos amar y ser amados. Una persona en este mundo puede tener todo lo que pueda desear y sin embargo, ser completamente infeliz mientras no tenga a quien amar y a su vez no se sienta amado por alguien. Es más duro aceptar el hambre de amor que el hambre del estómago. El ser humano desde que inicia su existencia experimenta esa doble necesidad. El niño pequeño se encela con la llegada del hermanito porque quisiera el cariño de sus padres para él solo. El adolescente vive traumas espantosos cuando no encuentra a su príncipe o princesa azul. El joven puede terminar una profesión y tener todo el éxito del mundo, pero si no encuentra una persona que lo quiera o la quiera, se siente plenamente vacío. Son muchos los casos en que este tipo de personas terminan por abandonar su profesión y hundirse en una tristeza y depresión incontrolable que pueden llevarlos a tomar actitudes de rencor, venganza o desquite en contra de las personas que según ellos no les responden.

La medida del amor es la misma con la que nos amamos a nosotros mismos. Ese amor hay que tenerlo para con nuestros padres, hermanos, amigos, compañeros de trabajo, estudio o de juego, aunque por encima de todo hay que amarse a sí mismo. Esto ordinariamente no es muy difícil de realizar, aunque suceden casos en que incluso en este nivel de relación se tienen problemas serios, cuando entre los mismos esposos, hermanos, familiares o compañeros de estudio o trabajo. Se vive en constantes conflictos por falta de entendimiento. ¿Cómo explicarse que donde debería reinar de forma natural el amor, la armonía y la comprensión, se viva en eternos conflictos y faltas de entendimiento? ∎

VIVIENDO NUESTRA FE

¿Por qué nos lastimamos tan cruelmente unos a otros si todos estamos necesitados de cariño, afecto y estima? Cuando una persona sólo piensa en disfrutar egoístamente la amistad y el amor, no consigue nada y se malogra todo. El amor, por naturaleza, si no está abierto a los demás terminará por convertirse en egoísmo, y esto lo destruye todo. Los esposos, si por comodidad o intereses mezquinos no se abren a la vida, terminan fastidiados y aburriéndose de su propio egoísmo. En cambio, si se abren a la vida, cada hijo que Dios les da se convierte en fuente de alegría y motivo suficiente para luchar por sacarlo adelante. La reciprocidad en el amor es algo de lo más hermoso en este mundo.

PREGUNTAS PARA REFLEXIONAR

1. ¿Cuál es tu concepto y experiencia sobre el amor?

2. ¿Estás de acuerdo en los significados que se le dan a la palabra amor en el lenguaje?

3. ¿Por qué, si hemos sido creados para amar, vivimos con tantas dificultades?

4. ¿Qué podemos hacer para que el amor reine en nuestro mundo?

LECTURAS SEMANALES: Efesios 2:19–22; 5:21–33; 5:25–33; 6:1–9; 6:10–20; Apocalipsis 7:2–4, 9–14; Daniel 12:1–3.

2 DE NOVIEMBRE DEL 2002

PRIMERA LECTURA

Daniel 12:1-3

En aquel tiempo, se levantará Miguel, el gran príncipe que defiende a tu pueblo.

Será aquél un tiempo de angustia, como no lo hubo desde el principio del mundo. Entonces se salvará tu pueblo: todos aquellos que están escritos en el libro. Muchos de los que duermen en el polvo, despertarán: unos para la vida eterna, otros para el eterno castigo.

Los guías sabios brillarán como el esplendor del firmamento, y los que enseñan a muchos la justicia, resplandecerán como estrellas por toda la eternidad.

SEGUNDA LECTURA

Romanos 6:3-9

Hermanos: Todos los que hemos sido incorporados a Cristo Jesús por medio del bautismo, hemos sido incorporados a su muerte. En efecto, por el bautismo fuimos sepultados con Él en su muerte, para que, así como Cristo resucitó de entre los muertos por la gloria del Padre, así también nosotros llevemos una vida nueva.

Porque si hemos estado íntimamente unidos a Él por una muerte semejante a la suya, también lo estaremos en su resurrección. Sabemos que nuestro viejo yo fue crucificado con Cristo, para que el cuerpo del pecado quedara destruido, a fin de que ya no sirvamos al pecado, pues el que ha muerto queda libre del pecado.

Por lo tanto, si hemos muerto con Cristo, estamos seguros de que también viviremos con Él; pues sabemos que Cristo, una vez resucitado de entre los muertos, ya nunca morirá. La muerte ya no tiene dominio sobre Él.

EVANGELIO

Juan 17:24-26

En aquel tiempo, Jesús levantó los ojos al cielo y dijo: "Padre, quiero que donde yo esté, estén también conmigo los que me has dado, para que contemplen mi gloria, la que me diste, porque me has amado antes de la creación del mundo.

Padre justo, el mundo no te ha conocido; pero yo sí te conozco y éstos han conocido que tú me enviaste. Yo les he dado a conocer tu nombre y se lo seguiré dando a conocer, para que el amor con que me amas esté con ellos y yo también en ellos".

 **CUANDO HABLAMOS** de los fieles difuntos, ordinariamente viene a nuestra mente la idea de pedir por las almas que están en el purgatorio. En este día se celebran muchas Misas y de manera especial se realizan en muchas partes dentro de los panteones. La afluencia de personas a las celebraciones de este día ordinariamente es muy abundante. Se tiene todavía una conciencia muy clara de la necesidad de encomendar a nuestros difuntos y de pedir a Dios que ya estén descansando en la paz del Señor.

Cuando recordamos a nuestros difuntos que ya están gozando del banquete eterno, no nos queda sino dar gracias al Señor y encomendarnos a sus súplicas ante Dios, pues una vez que han logrado salvar su alma, se convierten en bienhechores e intercesores nuestros ante la divinidad. Además, podemos imitar las buenas obras que hicieron en este mundo y que los tienen ahora gozando de la gloria eterna.

Cuando recordamos a los hermanos que por la razón que sea aún no han podido cruzar los umbrales del cielo, no nos queda sino intensificar nuestra oración llena de fe, pidiendo con todas nuestras fuerzas al Señor que los reciba en su gloria. Hay personas que tienen serias dudas en relación al valor e importancia de la oración, sobre todo cuando son personas que murieron hace ya algún tiempo, que según ellas ya fueron juzgadas por Dios y que en ese caso ya no tendría valor pedir por ellas porque la Iglesia nos dice que los seres humanos son juzgados en el momento mismo de su muerte. Sin embargo, debemos tomar en cuenta que para Dios no hay tiempo, por ello, las oraciones que hacemos por personas que hayan muerto hace cientos o miles de años, Dios pudo haberlas tomado en cuenta en el instante de la muerte de esas personas y darles un momento de arrepentimiento. Igualmente, los padres de familia pueden estar encomendando durante toda su vida a sus hijos, pidiendo al Señor que tenga piedad de ellos en el momento de su muerte, o para darles gracias durante su vida, de tal forma que esas gracias puedan ser una gran ayuda para su salvación en el momento oportuno. ■

VIVIENDO NUESTRA FE

La devoción cristiana de pedir por las ánimas del purgatorio es una muestra palpable de nuestra fe en lo sobrenatural, en la otra vida, en la resurrección y en la comunión de los santos. Las ánimas del purgatorio no pueden hacer nada por sí mismas para reducir sus penas, pero sí pueden interceder por nosotros ante el Señor, y muchas personas alcanzan grandes favores de Dios por la intercesión de ellas. Jamás dejemos de pedir por nuestros familiares, amigos y conocidos difuntos, pues nunca tenemos la plena seguridad de que ellos gocen ya de la gloria eterna.

Además, nuestras oraciones nunca se desperdician. Dios en su divina providencia siempre sabrá darles el destino correcto. Al recordar a nuestros fieles difuntos, debemos reflexionar en la necesidad de vivir conforme a los mandatos del Señor para no vernos en esa situación de tener que pasar por el purgatorio. Vivamos de tal forma que no tengamos que arrepentirnos de nuestra manera de vivir al final de nuestra vida.

PREGUNTAS PARA REFLEXIONAR

1. En tu país de origen, ¿cómo celebran el día de los muertos?

2. ¿Qué te enseña esta manera de celebrar?

3. ¿Qué piensas sobre la muerte?

3 DE NOVIEMBRE DEL 2002

PRIMERA LECTURA

Malaquías 1:14b—2, 2b, 8-10

"Yo soy el rey soberano, dice el Señor de los ejércitos; mi nombre es temible entre las naciones. Ahora les voy a dar a ustedes, sacerdotes, estas advertencias: Si no me escuchan y si no se proponen de corazón dar gloria a mi nombre, yo mandaré contra ustedes la maldición".

Esto dice el Señor de los ejércitos:

"Ustedes se han apartado del camino, han hecho tropezar a muchos en la ley; han anulado la alianza que hice con la tribu sacerdotal de Leví. Por eso yo los hago despreciables y viles ante todo el pueblo, pues no han seguido mi camino y han aplicado la ley con parcialidad".

¿Acaso no tenemos todos un mismo Padre? ¿No nos ha creado un mismo Dios? ¿Por qué, pues, nos traicionamos entre hermanos, profanando así la alianza de nuestros padres?

SEGUNDA LECTURA

1 Tesalonicenses 2:7-9, 13

Hermanos: Cuando estuvimos entre ustedes, los tratamos con la misma ternura con la que una madre estrecha en su regazo a sus pequeños. Tan grande es nuestro afecto por ustedes, que hubiéramos querido entregarles, no solamente el evangelio de Dios, sino también nuestra propia vida, porque han llegado a sernos sumamente queridos.

Sin duda, hermanos, ustedes se acuerdan de nuestros esfuerzos y fatigas, pues, trabajando de día y de noche, a fin de no ser una carga para nadie, les hemos predicado el evangelio de Dios.

Ahora damos gracias a Dios continuamente, porque al recibir ustedes la palabra que les hemos predicado, la aceptaron, no como palabra humana, sino como lo que realmente es: palabra de Dios, que sigue actuando en ustedes, los creyentes.

EVANGELIO

Mateo 23:1-12

En aquel tiempo, Jesús dijo a las multitudes y a sus discípulos: "En la cátedra de Moisés se han sentado los escribas y fariseos. Hagan, pues, todo lo que les digan, pero no imiten sus obras, porque dicen una cosa y hacen otra. Hacen fardos muy pesados y difíciles de llevar y los echan sobre las espaldas de los hombres, pero ellos ni con el dedo los quieren mover. Todo lo hacen para que los vea la gente. Ensanchan las filacterias y las franjas del manto; les agrada ocupar los primeros lugares en los banquetes y los asientos de honor en las sinagogas; les gusta que los saluden en las plazas y que la gente los llame 'maestros'.

Ustedes, en cambio, no dejen que los llamen 'maestros', porque no tienen más que un Maestro y todos ustedes son hermanos. A ningún hombre sobre la tierra lo llamen 'padre', porque el Padre de ustedes es sólo el Padre celestial. No se dejen llamar 'guías', porque el guía de ustedes es solamente Cristo. Que el mayor de entre ustedes sea su servidor, porque el que se enaltece será humillado y el que se humilla será enaltecido".

EL SACERDOTE puede llegar a convertirse en un óptimo predicador, pero en un pésimo testigo. El estudio de la Sagrada Escritura nos puede llevar a ser grandes conocedores de la Palabra de Dios, pero a la vez a ser pésimos practicantes de lo que nos pide. El agente de pastoral, seglar o sacerdote, puede llegar a convertirse en un gran pregonero de la Palabra de Dios, y puede tener el don de mover a la conversión y arrepentimiento a las multitudes a quienes predica. Pero sus obras pueden no ser el testimonio de vida que la gente espera y en un momento dado, cuando la gente se entera, se pueden revertir los resultados y al desconfiar del sacerdote, terminan alejándose de la Iglesia.

Hay aún una cantidad enorme de personas que no han logrado un grado suficiente de formación en su fe y que ponen su confianza más firmemente en el predicador que en el mismo Cristo. Por eso, cuando éste les falla, llegan a dudar del mismo Cristo y creer que todo es simple engaño. El predicador que no termina siendo un verdadero testigo de lo que predica puede, en un momento dado, causar un daño grave a las comunidades.

Por naturaleza el ser humano es imperfecto. Esto es lo que sucede con cualquiera de los ministros de culto, sea de la religión que sea, y lo mismo sucede con aquellas personas que tienen que ejercer algún cargo público en sus comunidades y que apenas logran hacer más o menos bien el aspecto concreto en el que se desempeñan.

El mismo evangelio nos narra cómo los ministros se convierten en personas demasiado exigentes con sus feligreses, imponiéndoles grandes cargas y ofendiéndolos cuando no salen adelante con lo que se les impone. El sacerdote o ministro llega a creer que por el simple hecho de serlo tiene derecho a todo lo que se le ocurre, y exige que todo mundo lo sirva, le dé preferencia, lo invite a sus fiestas y banquetes y se le reverencie dondequiera que anda. En lugar de ser los primeros en dar ejemplo de servicio y disponibilidad para ayudar a los demás, puede ser que se conviertan sólo en una carga difícil y pesada que la comunidad tiene que cargar. ∎

VIVIENDO NUESTRA FE

Todos tenemos la obligación de poner en práctica la Palabra de Dios, pero a la vez es importante que no nos escandalicemos de cualquier falla que encontremos en los predicadores y que no la pongan como pretexto para no hacer lo que se debe. Muchas personas dan marcha atrás en su fe cuando alguno de sus líderes falla. De hecho, no falta quien se aproveche de la situación haciendo más público el asunto de lo que de por sí ya es. Hay que ser conscientes de que nuestra fe no se apoya directamente en la virtud de los sacerdotes o apóstoles seglares, sino en el mismo Cristo que es nuestro modelo, único y verdadero sacerdote de la nueva alianza. Los sacerdotes y laicos somos llamados a trabajar en esta misión sagrada de la difusión de la Palabra de Dios, pero hay que ser conscientes de las debilidades propias y ajenas.

PREGUNTAS PARA REFLEXIONAR

1. ¿Cuál es tu manera de pensar cuando te das cuenta de las fallas de algún sacerdote?

2. ¿Te convencen las críticas que se hacen en contra de la Iglesia? ¿Por qué?

3. ¿Cuál es tu actitud frente a personas que abandonan la Iglesia por las fallas de algún sacerdote?

LECTURAS SEMANALES: Filipenses 2:1-4; 2:5-11; 2:12-18; 3:3-8a; 3:17—4:1; Ezequiel 47:1-2, 8-9, 12.

10 DE NOVIEMBRE DEL 2002

PRIMERA LECTURA

Sabiduría 6:12-16

Radiante e incorruptible es la sabiduría; con facilidad la contemplan quienes la aman y ella se deja encontrar por quienes la buscan y se anticipa a darse a conocer a los que la desean.

El que madruga por ella no se fatigará, porque la hallará sentada a su puerta. Darle la primacía en los pensamientos es prudencia consumada; quien por ella se desvela pronto se verá libre de preocupaciones.

A los que son dignos de ella, ella misma sale a buscarlos por los caminos; se les aparece benévola y colabora con ellos en todos sus proyectos.

SEGUNDA LECTURA

1 Tesalonicenses 4:13-18

Hermanos: No queremos que ignoren lo que pasa con los difuntos, para que no vivan tristes, como los que no tienen esperanza. Pues, si creemos que Jesús murió y resucitó, de igual manera debemos creer que, a los que murieron en Jesús, Dios los llevará con él.

Lo que les decimos, como palabra del Señor, es esto: que nosotros, los que quedemos vivos para cuando venga el Señor, no tendremos ninguna ventaja sobre los que ya murieron.

Cuando Dios mande que suenen las trompetas, se oirá la voz de un arcángel y el Señor mismo bajará del cielo. Entonces, los que murieron en Cristo resucitarán primero; después nosotros, los que quedemos vivos, seremos arrebatados, juntamente con ellos entre nubes por el aire, para ir al encuentro del Señor, y así estaremos siempre con él.

Consuélense, pues, unos a otros con estas palabras.

EVANGELIO

Mateo 25:1-13

En aquel tiempo, Jesús dijo a sus discípulos esta parábola: "El Reino de los cielos es semejante a diez jóvenes, que tomando sus lámparas, salieron al encuentro del esposo. Cinco de ellas eran descuidadas y cinco, previsoras. Las descuidadas llevaron sus lámparas, pero no llevaron aceite para llenarlas de nuevo; las previsoras, en cambio, llevaron cada una un frasco de aceite junto con su lámpara. Como el esposo tardaba, les entró sueño a todas y se durmieron.

A medianoche se oyó un grito: '¡Ya viene el esposo! ¡Salgan a su encuentro!' Se levantaron entonces todas aquellas jóvenes y se pusieron a preparar sus lámparas, y las descuidadas dijeron a las previsoras: 'Dennos un poco de su aceite, porque nuestras lámparas se están apagando'. Las previsoras les contestaron: 'No, porque no va a alcanzar para ustedes y para nosotras. Vayan mejor a donde lo venden y cómprenlo'.

Mientras aquéllas iban a comprarlo, llegó el esposo, y las que estaban listas entraron con él al banquete de bodas y se cerró la puerta. Más tarde llegaron las otras jóvenes y dijeron: 'Señor, señor, ábrenos'. Pero él les respondió: 'Yo les aseguro que no las conozco'. Estén, pues, preparados, porque no saben ni el día ni la hora".

ESTAMOS LLEGANDO a los últimos domingos del año litúrgico y, por ello, la liturgia de estos días nos hable del final de los tiempos o de la segunda venida de Cristo. En el evangelio se nos habla de las vírgenes necias y de las prudentes. ¿Con cuánta frecuencia sucede esto en nuestra vida?

Nos pasamos la vida luchando con todas las fuerzas para mejorar nuestra vida aquí en la tierra, pero sucede que cuando más o menos logramos el intento, nos llega la hora de partir de este mundo a la eternidad. Frecuentemente podemos sentirnos con las manos completamente vacías para enfrentar la otra vida, para la cual hemos sido creados y en la que viviremos por siempre. Desperdiciamos inútilmente todas nuestras energías trabajando en este mundo, como si aquí fuéramos a vivir eternamente. Nos afanamos día y noche, y a veces no descansamos ni los días festivos; no tenemos tiempo para tomar vacaciones, tampoco para dedicarle tiempo a nuestra familia. Y al final de la vida, caemos en la cuenta de que no podemos llevarnos ni un solo centavo con nosotros a la otra vida.

La mayoría de los padres de familia ponen siempre el pretexto de que trabajan intensamente para asegurar un patrimonio familiar. Pero nos encontramos a su vez con infinidad de casos en los que podemos constatar que mientras los padres viven no son capaces de compartir en nada su patrimonio con los hijos sino hasta el día de su muerte. Por lo mismo, como no educan a sus hijos desde pequeños en la recta administración de los bienes, al final de cuentas, cuando se tienen que repartir la famosa herencia, es casi imposible que se pongan de acuerdo en la manera de repartirla entre todos los hijos y sólo sirva para enfrentamientos, discordias y pleitos interminables, todo sin sentido alguno.

Lo importante es no perder de vista la vida eterna y vivir siempre listos, como si hoy mismo fuéramos a encontrar a Dios. ■

VIVIENDO NUESTRA FE

Cuando tenemos una pasión dominante, se nos hace demasiado difícil el cortarla de inmediato. Siempre pensamos que después habrá tiempo para ello. Pero sucede que cuando menos se espera, estamos metidos en un serio problema: herimos profundamente a las personas y luego enfrentamos una crisis moral bastante seria. Llega un momento en que los vicios nos ponen en situaciones límites y ya no tenemos la fuerza suficiente para desprendernos de ellos. ¿Qué hacer en este caso? Buscar ayuda profesional, espiritual y aceptar la ayuda de los demás.

PREGUNTAS PARA REFLEXIONAR

1. De acuerdo al evangelio, ¿Con cuál grupo te identificas?
2. ¿Acostumbras vivir en gracia de Dios o eso te tiene sin cuidado alguno?
3. ¿Sabes reconocer tus fallas y permites que se te ayude?
4. ¿Qué significa para ti estar preparado?

LECTURAS SEMANALES: Tito 1:1-9; 2:1-8, 11-14; 3:1-7; Filemón 7-20; 2 Juan 4-9; 3 Juan 5-8.

PRIMERA LECTURA

Proverbios 31:10-13, 19-20, 30-31

Dichoso el hombre que encuentra una mujer hacendosa: muy superior a las perlas es su valor.

Su marido confía en ella y, con su ayuda, él se enriquecerá; todos los días de su vida le procurará bienes y no males.

Adquiere lana y lino y los trabaja con sus hábiles manos.

Sabe manejar la rueca y con sus dedos mueve el huso; abre sus manos al pobre y las tiende al desvalido.

Son engañosos los encantos y vana la hermosura; merece alabanza la mujer que teme al Señor.

Es digna de gozar del fruto de sus trabajos y de ser alabada por todos.

SEGUNDA LECTURA

1 Tesalonicenses 5:1-6

EVANGELIO

Mateo 25:14-30

En aquel tiempo, Jesús dijo a sus discípulos esta parábola: "El Reino de los cielos se parece también a un hombre que iba a salir de viaje a tierras lejanas; llamó a sus servidores de confianza y les encargó sus bienes. A uno le dio cinco millones; a otro, dos; y a un tercero, uno, según la capacidad de cada uno, y luego se fue.

El que recibió cinco millones fue enseguida a negociar con ellos y ganó otros cinco. El que recibió dos hizo lo mismo y ganó otros dos. En cambio, el que recibió un millón hizo un hoyo en la tierra y allí escondió el dinero de su señor.

Después de mucho tiempo regresó aquel hombre y llamó a cuentas a sus servidores.

Se acercó el que había recibido cinco millones y le presentó otros cinco, diciendo: 'Señor, cinco millones me dejaste; aquí tienes otros cinco, que con ellos he ganado'. Su señor le dijo: 'Te felicito, siervo bueno y fiel. Puesto que has sido fiel en cosas de poco valor te confiaré cosas de mucho valor. Entra a tomar parte en la alegría de tu señor'.

Se acercó luego el que había recibido dos millones y le dijo: 'Señor, dos millones me dejaste; aquí tienes otros dos, que con ellos he ganado'. Su señor le dijo: 'Te felicito, siervo bueno y fiel. Puesto que has sido fiel en cosas de poco valor, te confiaré cosas de mucho valor. Entra a tomar parte en la alegría de tu señor'.

Finalmente, se acercó el que había recibido un millón y le dijo: 'Señor, yo sabía que eres un hombre duro, que quieres cosechar lo que no has plantado y recoger lo que no has sembrado. Por eso tuve miedo y fui a esconder tu millón bajo tierra. Aquí tienes lo tuyo'.

El señor le respondió: 'Siervo malo y perezoso. Sabías que cosecho lo que no he plantado y recojo lo que no he sembrado. ¿Por qué, entonces, no pusiste mi dinero en el banco para que, a mi regreso, lo recibiera yo con intereses? Quítenle el millón y dénselo al que tiene diez. Pues al que tiene se le dará y le sobrará; pero al que tiene poco, se le quitará aun eso poco que tiene.

Y a este hombre inútil, échenlo fuera, a las tinieblas. Allí será el llanto y la desesperación'".

DESDE QUE LLEGAMOS a este mundo, ya están nuestras características marcadas por nuestra herencia genética. Todos somos distintos; ninguno es igual a otro. Sin embargo, son muchas las instituciones y grupos que luchan por la igualdad humana, aunque ésta jamás existirá del todo. El trabajo que estas organizaciones realizan es impresionante y digno de alabanza; es una extensión del Reino de los cielos presentado por Jesús. Aunque esta igualdad no nos toque verla, no por eso habremos de abandonar la lucha por conseguirla; pues se dará en plenitud cuando venga el Reino de los cielos.

Sin embargo, ante Dios no hay diferencia. Lo interesante es que nos pide a cada uno de acuerdo a lo que nos ha dado, y en esa proporción seremos premiados o castigados. Al que se le dé más, más se le exigirá, y cada persona está llamada a responder según los talentos que ha recibido por parte de Dios. Lo que a Dios le disgusta es que nos quedemos de brazos cruzados sin hacer nada, puesto que para los tibios no hay lugar en el Reino de los cielos.

En un grupo de alumnos que entran a una escuela, no es justo ni posible exigirles a todos que obtengan la máxima calificación. Lo que sí se puede pedir es que cada uno rinda en conformidad a sus posibilidades intelectuales, de acuerdo a su capacidad. Podemos encontrarnos con alumnos que quizá sin grandes esfuerzos obtengan la máxima calificación mientras que otros, por más esfuerzos que hagan, nunca logren una calificación máxima. Sin embargo, el Señor calificará el esfuerzo de cada uno, no los resultados.

Puede suceder que algunos de nosotros pasemos la vida envidiando siempre el talento y cualidades de los demás, y que nos olvidemos de luchar por descubrir los nuestros y ponerlos a trabajar.

Parecería como si eso fuera lo único que valiera. Es importante darnos cuenta de que hay infinidad de otros talentos con los que podemos hacer grandes bienes a los demás, y a través de los cuales estaremos acumulando bienes para la otra vida y que nos serán pagados en la eternidad. ¿De qué le sirve al hombre ganar todo el mundo si al final se pierde? A fin de cuentas, ¿De qué sirve la riqueza? ■

VIVIENDO NUESTRA FE

En este mundo se experimenta una hambre febril de bienes materiales que jamás llega a saciarse. Nos afanamos por la conquista de riquezas de forma incontrolable, y en ocasiones las naciones más ricas del mundo no están pensando en compartir sus bienes con las más pobres, sino en elevar su nivel de vida sin considerar el hambre a la que están sometidas las naciones pobres. Siempre he creído firmemente que en el mundo hay bienes de sobra para resolver las necesidades de todos, pero el mundo entero no es suficiente para saciar las ambiciones de una sola persona. Cuando venga el Señor al final de los tiempos a pedirnos cuentas de la administración de los bienes que puso en nuestras manos, ¿Qué será de nosotros?

PREGUNTAS PARA REFLEXIONAR

1. ¿Qué talentos ha puesto Dios en tus manos?

2. Cuando te va bien en tus negocios o trabajo, ¿Te acuerdas de las personas que carecen de lo indispensable para vivir?

3. ¿Cómo te recibirá nuestro Señor cuando llegues a su presencia al final de tu vida?

LECTURAS SEMANALES: Apocalipsis 1:1-4; 2:1-5a; 3:1-6, 14-22; 4:1-11; 5:1-10; 10:8-11; 11:4-12.

PRIMERA LECTURA

Apocalipsis 3:1-6, 14-22

Yo, Juan, oí que el Señor me decía: "Escribe al encargado de la comunidad cristiana de Sardes: Esto dice el que tiene los siete espíritus de Dios y las siete estrellas:

'Conozco tus obras. En apariencia estás vivo, pero en realidad estás muerto. Ponte alerta y reaviva lo que queda y está a punto de morir, pues tu conducta delante de mi no ha sido perfecta. Recuerda de qué manera recibiste y escuchaste mi palabra; cúmplela y enmiéndate. Porque si no estás alerta, vendré como un ladrón, sin que sepas la hora en que voy a llegar.

Tienes, sin embargo, en Sardes, algunas pocas personas que no han manchado sus vestiduras; ellos me acompañarán vestidos de blanco, pues lo merecen.

El que venza también se vestirá de blanco. No borraré jamás su nombre del libro de la vida y lo reconoceré ante mi Padre y sus ángeles'.

El que tenga oídos, que oiga lo que el Espíritu dice a las comunidades cristianas.

Escribe al encargado de la comunidad cristiana de Laodicea: Esto dice el que es el Amén, el testigo fiel y veraz, el origen de todo lo creado por Dios:

'Conozco tus obras: no eres frío ni caliente. Ojalá fueras frío o caliente. Pero porque eres tibio y no eres frío ni caliente, estoy a punto de vomitarte por mi boca. Dices que eres rico, que has acumulado riquezas y que ya no tienes necesidad de nada, pero no sabes que eres un desdichado, miserable, pobre, ciego y desnudo. Por eso te aconsejo que vengas a comprarme oro purificado por el fuego, para que te enriquezcas; vestiduras blancas, para que te las pongas y cubras tu vergonzosa desnudez, y colirio, para que te lo pongas en los ojos y puedas ver.

Yo reprendo y corrijo a los que amo. Reacciona, pues, y enmiéndate. Mira que estoy aquí, tocando la puerta; si alguno escucha mi voz y me abre, entraré en su casa y cenaremos juntos.

Al que venza, lo sentaré conmigo en mi trono; lo mismo que yo, cuando vencí, me senté con mi Pare en su trono'.

El que tenga oídos, que oiga lo que el Espíritu dice a las comunidades cristianas".

EVANGELIO

Lucas 19:1-10

En aquel tiempo, Jesús entró en Jericó, y al ir atravesando la ciudad, sucedió que un hombre llamado Zaqueo, jefe de publicanos y rico, trataba de conocer a Jesús, pero la gente se lo impedía, porque Zaqueo era de baja estatura. Entonces corrió y se subió a un árbol para verlo cuando pasara por ahí. Al llegar a ese lugar, Jesús levantó los ojos y le dijo: "Zaqueo, bájate pronto, porque hoy tengo que hospedarme en tu casa".

Él bajó enseguida y lo recibió muy contento. Al ver esto, comenzaron todos a murmurar diciendo: "Ha entrado a hospedarse en casa de un pecador".

Zaqueo, poniéndose de pie, dijo a Jesús: "Mira, Señor, voy a dar a los pobres la mitad de mis bienes, y si he defraudado a alguien, le restituiré cuatro veces más". Jesús le dijo: "Hoy ha llegado la salvación a esta casa, porque también él es hijo de Abraham, y el Hijo del hombre ha venido a buscar y salvar lo que se había perdido".

CUANDO HABLAMOS de la divina providencia, nos referimos a ese cuidado constante que el Señor tiene para con la obra de su creación, pero de una manera muy particular por nosotros. Dios mismo llega a decir que aun cuando una madre se olvide del fruto de sus entrañas, él jamás se olvidará de nosotros.

Cuando miramos la obra de la creación y nos fijamos en los destrozos irreparables que hemos cometido, no podemos sino admirar la providencia divina que durante miles de millones de años pudo conservar su obra con un orden y una belleza admirable. Dios creó el universo para nosotros, pero no hemos sabido convivir con la naturaleza y nos hemos ensañado contra ella. Al ver los programas de televisión que nos muestran lo que queda del reino animal, constatamos que una infinidad de especies animales han desaparecido, a pesar de los esfuerzos enormes que algunas instituciones hacen por defender a muchas especies en peligro de extinción.

La Sagrada Escritura nos habla de la confianza tan grande que el ser humano debe tener en la providencia divina. Todo esto que afirmamos de Dios como don universal para la humanidad podemos atribuirlo a nuestra madre santísima, al igual que nuestras madres de la tierra, sabe estar al cuidado de todos sus hijos y es la primera en abogar por nosotros ante Dios siempre que lo necesitemos. La Santísima Virgen, como madre de Cristo e hija predilecta de Dios, se ha convertido en nuestra mejor intercesora. Su providencia se extiende a toda la humanidad y es la más firme colaboradora en la obra de salvación.

Si Cristo es el camino para llegar al Padre, María es la luz y guía que nos conduce a Cristo. Siendo la criatura que más íntimamente ha logrado estar unida a la Santísima Trinidad cuenta con un poder inmenso de intercesión y todos sus devotos pueden alcanzar las gracias que soliciten.

Desde el momento en que somos bautizados nos convertimos en hijos e hijas de Dios, y en ese aspecto somos hermanos de María. Pero al ser María santísima madre de Cristo, es también madre nuestra por ser nosotros hermanos de Cristo; por lo mismo nos hacemos merecedores de los cuidados y atenciones de tan buena madre. La expresión de María como madre nos debe llenar de confianza. ∎

VIVIENDO NUESTRA FE

El aceptar a María como madre nos "obliga" a vivir en hermandad espiritual. Es de todos sabido la influencia tan grande que desempeña la madre en la vida de cada uno de sus hijos. Por eso, aquellas personas que por la razón que sea se quedan sin madre a temprana edad, o que les toca la desgracia de tener una madre que nunca se preocupó de ellos, ordinariamente sufren demasiado y pasan los días de su vida con la sensación de un enorme vacío que no encuentran con qué llenarlo.

Hoy, en este mundo inmigrante, se necesitan madres que adopten hijos para sí, aunque no sean fruto de su vientre, y de hecho hay muchas. De igual manera, hay familias enteras que han sido providencia para quienes llegan a este país sin familia, y ellos no sólo se han convertido en padre y madre, sino en familia.

PREGUNTAS PARA REFLEXIONAR

1. ¿Cómo celebra la comunidad puertorriqueña esta fiesta mariana tan importante para ellos?

2. ¿Tienes alguna devoción a la santísima virgen? ¿Podrías compartirla?

3. ¿Qué significa para ti el tener una madre en el cielo y otra en la tierra?

24 DE NOVIEMBRE DEL 2002

PRIMERA LECTURA

Ezequiel 34:11-12, 15-17

Esto dice el Señor Dios: "Yo mismo iré a buscar a mis ovejas y velaré por ellas. Así como un pastor vela por su rebaño cuando las ovejas se encuentran dispersas, así velaré yo por mis ovejas e iré por ellas a todos los lugares por donde se dispersaron un día de niebla y oscuridad.

Yo mismo apacentaré a mis ovejas, yo mismo las haré reposar, dice el Señor Dios. Buscaré a la oveja perdida y haré volver a la descarriada; curaré a la herida, robusteceré a la débil, y a la que está gorda y fuerte, la cuidaré. Yo las apacentaré con justicia.

En cuanto a ti, rebaño mío, he aquí que yo voy a juzgar entre oveja y oveja, entre carneros y machos cabríos".

SEGUNDA LECTURA

1 Corintios 15:20-26,28

Hermanos: Cristo resucitó, y resucitó como la primicia de todos los muertos. Porque si por un hombre vino la muerte, también por un hombre vendrá la resurrección de los muertos. En efecto, así como en Adán todos mueren, así en Cristo todos volverán a la vida; pero cada uno en su orden: primero Cristo, como primicia; después, a la hora de su advenimiento, los que son de Cristo.

Enseguida será la consumación, cuando, después de haber aniquilado todos los poderes del mal, Cristo entregue el Reino a su Padre. Porque él tiene que reinar hasta que el Padre ponga bajo sus pies a todos sus enemigos. El último de los enemigos en ser aniquilado, será la muerte. Al final, cuando todo se le haya sometido, Cristo mismo se someterá al Padre, y así Dios será todo en todas las cosas.

EVANGELIO

Mateo 25:31-46

En aquel tiempo, Jesús dijo a sus discípulos: "Cuando venga el Hijo del hombre, rodeado de su gloria, acompañado de todos sus ángeles, se sentará en su trono de gloria. Entonces serán congregadas ante él todas las naciones, y él apartará a los unos de los otros, como aparta el pastor a las ovejas de los cabritos, y pondrá a las ovejas a su derecha y a los cabritos a su izquierda.

Entonces dirá el rey a los de su derecha: 'Vengan, benditos de mi Padre; tomen posesión del Reino preparado para ustedes desde la creación del mundo; porque estuve hambriento y me dieron de comer, sediento y me dieron de beber, era forastero y me hospedaron, estuve desnudo y me vistieron, enfermo y me visitaron, encarcelado y fueron a verme'. Los justos le contestarán entonces: 'Señor, ¿cuándo te vimos hambriento y te dimos de comer, sediento y te dimos de beber? ¿Cuándo te vimos de forastero y te hospedamos, o desnudo y te vestimos? ¿Cuándo te vimos enfermo o encarcelado y te fuimos a ver?' Y el rey les dirá: 'Yo les aseguro que, cuando lo hicieron con el más insignificante de mis hermanos, conmigo lo hicieron'.

Entonces dirá también a los de la izquierda: 'Apártense de mí, malditos; vayan al fuego eterno, preparado para el diablo y sus ángeles; porque estuve hambriento y no me dieron de comer, sediento y no me dieron de beber, era forastero y no me hospedaron, estuve desnudo y no me vistieron, enfermo y encarcelado y no me visitaron'.

Entonces ellos le responderán: 'Señor, ¿cuándo te vimos hambriento o sediento, de forastero o desnudo, enfermo o encarcelado y no te asistimos?' Y él les replicará: 'Yo les aseguro que, cuando no lo hicieron con uno de aquellos más insignificantes, tampoco lo hicieron conmigo. Entonces irán éstos al castigo eterno y los justos a la vida eterna'".

 **ESTAMOS POR** concluir el Año Litúrgico para celebrar la primera venida de Cristo. Hemos reflexionado en los hechos y dichos que nos ha presentado el Evangelio según la comunidad de Mateo.

En su nacimiento, Jesús es presentado a nosotros como un Rey y recibe la ofrenda del oro manifestando así que Él era Rey. Unos pastores, atentos a los signos de la naturaleza, son quienes lo descubren y reconocen en Él al Rey, a Dios y a quien sufriría mucho. En su vida, la preocupación de Jesús es el establecimiento de su Reino; esa es la insistencia que Mateo nos presenta: "Busquen primero el Reino y su justicia y todo se les dará por añadidura" (6:33). Ante Pilato, Jesús mismo ha sostenido que es Rey y que su reinado no es según los criterios de este mundo. Finalmente, en la misma cruz, Jesús será reconocido (por un romano) como el Rey de los judíos y como el Hijo de Dios.

Hoy el Evangelio nos invita a reflexionar sobre lo que será el juicio final. El clamor universal de los tratados injustamente en este mundo se eleva hasta lo más alto de los cielos, implorando justicia. En todas las etapas de la humanidad, hemos contado con inmensos grupos de personas que no han sido tratadas como tales. La esclavitud, la ignorancia y la miseria en que han vivido claman justicia ante Dios. Por más seres humanos que comparten el sufrimiento de sus hermanos, que son explotados y maltratados, sin embargo, las injusticias perduran sin que hay quien les ponga término.

Si los malvados siempre salen triunfantes en las luchas de esta vida, y si no vamos a contar con una justicia al menos al final de nuestra vida, ¿Qué sería de nuestro mundo?.

Por eso los cristianos tenemos la firme confianza en la segunda venida de Cristo. En un primer momento esto será para cada uno en particular a la hora de la muerte. Al final de los tiempos, todos estaremos presentes para ser testigos de la justicia divina, que no dejará a nadie sin premio de cuantos hayan obrado bien, pero que a su vez, habrá justicia para quienes no hayan practicado la misericordia.

Cuando Cristo Nuestro Señor se siente en su trono de gloria, rodeado de sus ángeles como juez de todas las naciones, el examen que hará a cada una de las personas, será sobre nuestro comportamiento con las personas con las cuales nos tocó compartir la vida. Las reguntas están en el evangelio de hoy. ∎

VIVIENDO NUESTRA FE

Lamentablemente, el ser humano muchas veces no es capaz de escuchar la voz de su inteligencia que le advierte de los peligros y daños que le causará su modo de vivir. Se deja llevar por el ambiente, de tal forma que cuando menos lo espera, está envuelto en serios problemas. Los apetitos sobrenaturales no alcanzan a llamar su atención porque, embotado por las ambiciones que este mundo le ofrece, no logra interesarse por un cielo que le queda demasiado lejos, pues no está al alcance de sus sentidos. Prefiere hartarse de las lentejas que los placeres mundanos le ofrecen y corre el peligro de perder para siempre la herencia eterna que el Señor ha prometido a sus vasallos. ¿Qué podemos atesorar en esta vida para alcanzar el Reino de Dios en la otra?

PREGUNTAS PARA REFLEXIONAR

1. ¿Cuál es tu actitud ante la injusticia?

2. ¿Estás envuelto en el trabajo por la justicia social de tu comunidad o crees que eso no es cristiano? ¿Por qué?

3. ¿Qué significa para ti el Reino de Dios por adelantado?

LECTURAS SEMANALES: Apocalipsis 14:1–3, 4b–5; 14:14–19; 15:1–4; Sirácide 50:22–24; Apocalipsis 20:1–4, 11—21:2; Romanos 10:9–18.

Recursos en español que puede
obtener de Liturgy Training Publications

Manual para proclamadores de la Palabra

Palabra de Dios

Calendario litúrgico (de pared)

Ministerio y formación

Liturgia con estilo y gracia

La Pasión del Señor

El manual de la sacristía

De edad en edad

*Respondiendo Amén: una mistagogia
de los sacramentos*

*Alimentándose en el Reino de Dios,
orígenes de la eucaristía según
el Evangelio de Lucas*

*Los documentos litúrgicos:
un recurso pastoral*

Rito de la Iniciación Cristiana de Adultos

*El amor nuestro de cada día: manual
de preparación matrimonial*

Preparación para el bautismo

*Cómo celebrar la Semana Santa
y la Pascua*

El potencial religioso del niño

El Buen Pastor y el Niño

¿Qué haré este año durante la Cuaresma?

¿Qué haré este año durante la Pascua?

*Los ministros de la comunión
a los enfermos*

Agenda Litúrgica

Amazing Days

Nuestra Señora de Guadalupe

Los tres días para guardar

Materiales bilingües

*Primero Dios:
Hispanic Liturgical Resource*

*La Navidad Hispana
at Home and at Church*

*Cuidado pastoral de los
enfermos/Pastoral Care of the Sick*

*Hagan lo mismo que Yo he hecho
con ustedes/As I have Done for You*

Serie *Basics of Ministry*

Guía para los diáconos en la liturgia

Guía para los proclamadores de la palabra

*Guía para ujieres
y ministros de hospitalidad*

*Guía para los patrocinadores
del Catecumenado*

Guía para la santificación del Domingo

Guía para ministros de la comunión

Guía para la asamblea

Guía para la Misa Dominical

Videograbaciones

*Videoguía para Reúnanse
Fielmente en Asamblea*

Videoguía para Ministros de la comunión

Proclamadores de la Palabra

*Nueva Vida: una parroquia celebra
el bautismo de los niños*

La celebración de la Misa hoy

*Esta es la noche: una parroquia da la
bienvenida a los nuevos católicos*

La historia de la Misa

*Un pueblo sacramental/
A Sacramental People*

para la preparación de la liturgia

  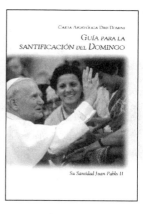 

Guía para la asamblea
por el Cardenal Joseph Bernardin

Ésta es la primera carta pastoral del cardenal Joseph Bernardin para la Iglesia de Chicago. Publicada originalmente en 1984, bajo el título de *Nuestra comunión, nuestra paz, nuestra promesa,* hace clara su intención que la liturgia dominical en la parroquia sea el centro, el espíritu y la fuerza de la vida católica. Esta guía es un recurso práctico para el personal parroquial, equipos litúrgicos, grupos de ministerio y todos a quienes se dirigió el cardenal en su carta. Incluye un suplemento con preguntas para dialogar, que hacen de este libro un gran recurso educativo.

Código de pedido en español: **SGUIDE $5**

Código de pedido en inglés: **EGUIDE $5**

Reúnanse fielmente en asamblea: Una guía para la Misa dominical
por el Cardenal Rogelio Mahony

Esta guía, la carta pastoral del cardenal Rogelio Mahony, sobre la liturgia, habla del vigor de la asamblea dominical, su belleza y callada pasión. ¿Qué haremos para reclamar la santidad del día del Señor? Aprender a celebrar apropiadamente la liturgia. Hacer de la liturgia algo nuestro para hacernos un pueblo al servicio del Señor, a la vez que amamos el mundo creado por Dios. Este libro es un maravilloso e inspiracional recurso educativo para todo feligrés.

Código de pedido en español: **SGMASS $5**

Código de pedido en inglés: **EGMASS $5**

Carta apostólica Dies Domini: Guía para la santificación del Domingo
por su Santidad Juan Pablo II

Una fuente de gracia y perspicacia del día del Señor, esta carta apostólica sobre el significado del Domingo y las razones para vivirlo, nos alienta a profundizar nuestro entendimiento de este día consagrado. Al aprender a celebrar el Domingo en toda su plenitud, dice el Papa, nuestras relaciones y nuestra vida entera no pueden mas que hacerse más profundamente humanas.

Código de pedido en español: **SGKEEP $5**

Código de pedido en inglés: **EGKEEP $5**

Carta Pastoral sobre el Ministerio: Hagan lo mismo que Yo hice con ustedes
por el Cardenal Rogelio Mahony y los Sacerdotes de la Arquidiócesis de Los Ángeles

Hagan lo mismo que Yo hice con ustedes es una visión clara del ministerio ordenado y laico, y una invitación a planear para el futuro del ministerio al Señor. Incluye una comparación de la vida parroquial en el año 1955 con lo que sería para el año 2005, una exploración del bautismo como el fundamento del ministerio, una consideración del sacerdocio ordenado, el diaconado permanente y del ministerio de los laicos, así como el tema de la colaboración y otras cuestiones de ministerio contemporáneo. Además, contiene cuatro ejercicios para dialogar entre los grupos pastorales, los consejos parroquiales y otras organizaciones. Edición bilingüe (en español e inglés).

Código de pedido: **HAVDON $5**

LITURGY TRAINING PUBLICATIONS
1800 North Hermitage Ave
Chicago IL 60622-1101

Phone	1-800-933-1800
Fax	1-800-933-7094
E-Mail	orders@ltp.org
Website	www.ltp.org

Disponible en su librería religiosa o Liturgy Training Publications

para la preparación de la liturgía

Guía para los diáconos en la liturgia
por Richard Vega

Presentando el desarrollo histórico y doctrinal del minsiterio, este libro da una orientación fundamentalmente pastoral para la vida litúrgica y sacramental de la Iglesia, especialmente en la communidad hispana de los Estados Unidos de Norteamérica. Enfatizando en la liturgia, Richard Vega desafía el ministerio y lo presenta en la perspectiva de la caridad y la justicia social, así como de la palabra, colocando el ministerio en la perspectiva de la realidad de la Iglesia, en el aquí y ahora del Pueblo de Dios. Los temas incluyen una historia del ministerio del diácono, sus funciones litúrgicas y el ministerio del diácono en una communidad parroquial.

Código de pedido en español: **SGDEA** **$5**

LITURGY TRAINING PUBLICATIONS
1800 North Hermitage Ave
Chicago IL 60622-1101

Phone	1-800-933-1800
Fax	1-800-933-7094
E-Mail	orders@ltp.org
Website	www.ltp.org

Guía para ministros de la comunión
por Victoria M. Tufano

Esta guía básica es para quienes distribuyen la eucaristía en la asamblea dominical, y para quienes llevan la sagrada comunión a los ancianos y enfermos que no pueden asistir a las celebraciones comunitarias. La autora ha sido ministro de la comunión por muchos años y ha formado a otras personas para servir y participar en este ministerio. Este libro es una maravillosa introducción para quienes por primera vez vienen a este ministerio y provee inspiración para los ministros eucarísticos que se han dedicado a compartir el cuerpo y la sangre del Señor desde la restauración de este ministerio a partir del Vaticano II.

Código de pedido en español: **SGCOM** **$5**

Código de pedido en inglés: **EGCOM** **$5**

Videoguía para ministros de la comunión

Un ministro de la comunión debe ser alguien que sabe lo que significa decir: "El Cuerpo de Cristo"; "la Sangre de Cristo." Este vídeo explora la dimensión espiritual y el sentido de este ministerio, así como los aspectos prácticos la la santa comunión dentro de la Misa. La audiencia verá a los ministros de la eucaristía venir hacia la Mesa, estar de pie alrededor de ella, llenar los cálices y fraccionar el pan, llevar el cáliz y la patena y estar atentos con cada persona que va en la procesión para la comunión. Todos los ministros de la eucaristía, neófitos o con experiencia, encontrarán en este vídeo un recurso práctico y enriquecedor. Disponible en inglés y español (con montaje de voz). VHS, 26 minutos.

Código de pedido en español: **SEMINS $39.95**

Código de pedido en inglés: **EMINS $39.95**

Guía para ujieres y ministros de la hospitalidad
por Lawrence E. Mick

traducción de Marina A. Herrera, Ph.D.

El autor delinea los orígenes del ministerio en la historia de la Iglesia y resalta los cambios que ha tenido a partir del Concilio Vaticano II. Encontrarás preguntas para dialogar que te ayudarán a reflexionar en la necesidad (y desafío) de los ujieres y ministros de la hospitalidad, al presentar siempre un rostro amable a la persona que llega por primera vez a la iglesia y a quien ya es parte de la familia parroquial. Además, el autor siguiere muchos aspectos prácticos que deben tomarse en cuenta (como la necesidad de un botiquín) y qué hacer ante circunstancias muy específicas. Además, el libro cuenta con un apéndice sobre la función de las personas que presentan las ofrendas en la liturgia eucarística.

Código de pedido en español: **SGUSH** **$5**

Código de pedido en inglés: **EGUSH** **$5**

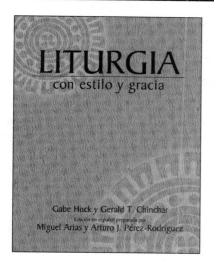

Liturgia con Estilo y Gracia

Esta edición castellana de *Liturgia con estilo y gracia* es un recurso magnífico en lo que se refiere al espíritu de la liturgia que se celebra en la vida parroquial.

Es una introducción para aquellas personas que se han unido al ministerio de la liturgia y para quienes han estado ahí por mucho tiempo. En ambos casos, este libro provee un fundamento común y un buen marco litúrgico de referencia.

Pero hay más. Este libro está dirigido a cualquier católico interesado en la liturgia, pues nos enseña sobre todas las cosas que nos pertenecen: la Misa, los sacramentos y los tiempos litúrgicos del año.

El formato del libro es sencillo: Cada artículo consta de dos páginas que se agrupan en tópicos que forman una unidad. Se puede leer de principio a fin, o leer sobre algún tema en particular en una y otra unidad. Además, contiene una serie de preguntas para la reflexión grupal, junto con algunos desafíos que podrán llevar a mejorar la vida litúrgica de nuestras diversas comunidades. El otro elemento que forma parte de cada reflexión lo forman las citas de algunos liturgistas y teólogos hispanos, cuyas reflexiones fortalecen nuestra experiencia y tradición litúrgica.

Para los católicos que desean conocer más acerca de la Misa, ¡Éste es el libro que buscaban! Ayudará a crear una base común de entendimiento y comprensión de la vida litúrgica parroquial. Aquí está la forma de continuar la reforma litúrgica pedida por el Concilio Vaticano II, que invita a todo el pueblo de Dios a una participación plena, consciente y activa. Disponible también en inglés.

Código de pedido: **SLSG** **$12**

Versión disponible en inglés.

Manual de la sacristía
G. Thomas Ryan

Al igual que el trabajo de los sacristanes y demás personas que preparan las celebraciones litúrgicas, este libro está lleno de pequeños detalles. La primera sección ofrece una breve historia de la liturgia, una descripción de la vocación del sacristán y una introducción concisa en cuanto al uso del arte en la liturgia. La segunda sección habla sobre las diferentes partes de un templo (la entrada, el altar, el ambón, el presbiterio, el bautisterio, santuarios y más) y su función para la asamblea cristiana. La tercera sección plantea los diferentes tipos de sacristía y muebles que se requieren para la misma. Finalmente, el último capítulo consiste en una lista de los elementos necesarios para cada celebración litúrgica, que abarca desde la bendición de animales, hasta una Misa presidida por el obispo diocesano, desde el Adviento hasta el Tiempo Ordinario. Encontrarás una lista de los materiales que necesitas, de los ornamentos que deberán utilizarse, ideas para la preparación del espacio de oración y una gran variedad de detalles.

Entre otros temas que trata el autor se incluye el mantenimiento, la seguridad, emergencias médicas y de sistemas mecánicos. Este libro debe ser parte de cada sacristía y biblioteca parroquial, sacristán, diácono, coordinador parroquial de liturgia y estudiante de liturgia. Coeditado con Grafite Ediciones. Disponible también en inglés.

Código de pedido: **SSCMNL** **$18**

Disponible en su librería religiosa o Liturgy Training Publications

Primero Dios:
Hispanic Liturgical Resource
por Mark Francis y Arturo Pérez-Rodríguez

Aquellos que realizan su Ministerio en las comunidades hispanas católicas en los Estados Unidos, con frecuencia son llamados a construir dos concepciones diferentes de la Iglesia y de su vida litúrgica. La primera es aquélla de la "Iglesia oficial", que fue interpretada por los católicos euro-americanos de este siglo, y la segunda es el crecimiento actual de la comunidad Hispana en los Estados Unidos. *Primero Dios* construye puentes. Toma seriamente ambas experiencias de la gente hispana y los principios litúrgicos del Vaticano II. *Primero Dios* tiene dos cualidades: informativo y práctico. Este libro explora algunas de las grandes esperanzas culturales que los hispanos traen a los sacramentos y a otros eventos litúrgicos. En adición al Bautismo, Confirmación, Primera Comunión, Reconciliación, Matrimonio y Unción de los enfermos, los autores exploran los ritos de Presentación del Niño(a), Quince Años, el Pedir la Mano, así como aquellos para el momento en que alguien muere: el Velorio, Novenario y Levantacruz. Este libro ayudará a los sacerdotes que no están seguros de las costumbres apropiadas, las cuales no se encuentran en los libros oficiales. Es también para los mismos católicos que buscan entender cómo sus prácticas forman parte del culto de la Iglesia Universal. El texto está escrito en inglés. Por razones pastorales, las adaptaciones rituales están impresos en inglés y español.

Código de pedido: **CUSTOM** **$18**

Un Pueblo Sacramental

Esta serie de tres vídeos es un suplemento del libro *Primero Dios: Hispanic Liturgical Resource*, la cual hace visible la integración de los ritos oficiales de la Iglesia con la religión popular hispana. Los fieles de la parroquia descubrirán la riqueza de los valores que se encuentran en su religiosidad popular, a través del testimonio personal que aparece en estos vídeos. Líderes y ministros encontrarán un modelo para integrar la celebración de los sacramentos con los ritos apropiados y el catolicismo popular hispano. Esta serie abarca una diversidad de experiencias de las culturas hispanas. El vídeo 1 incluye los ritos de *La Presentación del Niño y Primera Comunión*. El vídeo 2 explora la celebración de los *Quince Años* y *La Boda*. El vídeo 3 contiene la sección *Velando a Nuestros Difuntos*. Los vídeos y las guías de estudio estarán disponibles en español e inglés. Esta producción ha sido posible gracias a una donación otorgada por ACTA Foundation. Producido por Hispanic Telecommunications Network (HTN). VHS, 30 minutos aproximadamente por cada video; 90 minutos en total.

Códigos de pedido en español: **SSAC1, SSAC2, SSAC3 $25** c/u

Códigos de pedido en inglés: **ESAC1, SSAC2, ESAC3 $25** c/u

La Navidad Hispana: At Home and At Church
Miguel Arias, Arturo J. Pérez-Rodríguez y Mark R. Francis, csv

Los autores de este nuevo libro, ameno y de gran utilidad, extienden los puntos de vista que ofrecieron ya en *Primero Dios*, a la temporada del Adviento y Navidad, creando nexos litúrgicos entre los rituales que se celebran en casa y los ritos oficiales, presentando un enlace creativo y pastoral entre ambos rituales, conectándolos a la celebración parroquial con la comunidad entera. La metodología tiene un carácter narrativo que nos induce en la perspectiva y experiencia de la celebración hispana a través del tiempo litúrgico del Adviento y Navidad. Las notas pastorales que acompañan al libro tienen la finalidad de presentar las distintas opciones de celebración de acuerdo con la forma en que se celebra en los distintos países de América Latina. Los ritos aparecen en formato bilingüe en páginas alternas, inglés y español, que pueden modificarse de acuerdo a las necesidades de la comunidad que celebra. Lo más importante es que este libro provee un modelo multicultural de celebración, diálogo y entendimiento, así como las múltiples formas de compartir la celebración devocional y popular del pueblo hispano, junto con la liturgia romana. *La Navidad Hispana* reúne un buen conjunto de formación e información pastoral único en su género y de valor estimable para el personal parroquial, los ministros litúrgicos, catequistas, comunidades pequeñas y familias que desean mantener viva su tradición. El texto del libro está en inglés, los rituales se han impreso en forma bilingüe, inglés y español.

Código de pedido: **LANAV $18**

¡Gracías!

Pastoral Lítúrgíca para la Comunídad Híspana/Latína de los Estados Unídos

¡Gracias!

**Pastoral Litúrgica para la Comunidad
Hispana/Latina de los Estados Unidos**

¡Gracias! es
la primera
revista
totalmente
dedicada a
promover
una liturgia
efectiva entre
la comunidad
Hispana que
radica en los
Estados
Unidos de
Norteamérica, una liturgia que está
imbuída en el espíritu del Concilio
Vaticano II y en la riqueza y variedad de la
cultura Hispana. Los escritos están
dirigidos a los ministros parroquiales,
escritos en inglés y español respectiva-
mente, y tratan acerca de algunos aspectos
prácticos de las celebraciones litúrgicas,
haciendo un énfasis especial en los
asuntos de mayor importancia en el
ambiente hispano. Se publicará seis veces
por año. Cada número presenta un artículo
central enfocado en un tema particular,
cuenta además con secciones fijas
tales como:

- **Mínísteríos—**
  presentaciones prácticas destinadas a
  ayudar a los ministros a realizar su
  ministerio de una manera más
  efectiva.

- **Cartas a mí tío Toño—**
  escrita en un estilo popular, esta
  sección trata acerca de las preguntas
  comunes que surgen en el ambiente
  hispano.

- **¡Qué bueno!—**
  ejemplos prácticos acerca de buenos
  lugares para el arte y culto litúrgico.

- **¡Mucho Ojo!—**
  calendario de eventos en los Estados
  Unidos que son de interés para los
  hispanos.

$18 por un año
$34 por dos años
$50 por tres años

**Temas pastorales como la implementación del RICA *(Rito de Iniciación Cristiana de
Adultos)* en las parroquias hispanas, recursos musicales en español y la relación dinámi-
ca que existe entre la religiosidad popular y la liturgia serán tratados regularmente.**

 LITURGY TRAINING PUBLICATIONS
1800 North Hermitage Ave
Chicago IL 60622-1101

| Phone | 1-800-933-1800 | E-Mail | orders@ltp.org |
| Fax | 1-800-933-7094 | Website | www.ltp.org |